图解日本REIT

図解 不動産証券化とJ-REITがわかる本

日本三菱日联信托银行不动产咨询部 著
车阳 林述斌 顾晓 译
不动研（上海）投资咨询有限公司 校译

中信出版集团 | 北京

图书在版编目（CIP）数据

图解日本 REIT / 日本三菱日联信托银行不动产咨询部著；车阳，林述斌，顾晓译 .-- 北京：中信出版社，2019.8

ISBN 978-7-5217-0459-4

Ⅰ. ①图… Ⅱ. ①日… ②车… ③林… ④顾… Ⅲ. ①房地产投资 - 信托基金 - 日本 - 图解 Ⅳ. ① F833.134.9-64

中国版本图书馆 CIP 数据核字（2019）第 079049 号

图解日本 REIT

著　　者：日本三菱日联信托银行不动产咨询部
译　　者：车阳　林述斌　顾晓
出版发行：中信出版集团股份有限公司
　　　　（北京市朝阳区惠新东街甲 4 号富盛大厦 2 座　邮编　100029）
承 印 者：北京诚信伟业印刷有限公司

开　　本：787mm × 1092mm　1/16　　印　　张：18.75　　字　　数：233 千字
版　　次：2019 年 8 月第 1 版　　印　　次：2019 年 8 月第 1 次印刷
京权图字：01-2019-3172　　广告经营许可证：京朝工商广字第 8087 号
书　　号：ISBN 978-7-5217-0459-4
定　　价：69.00 元

推荐序一

中日两国，一衣带水，在文化观念上有很强的共通性，两国经济发展过程也颇为类似。2018 年 10 月，中国证券投资基金业协会和日本投资信托协会正式签订了合作谅解备忘录，约定要建立常态交流合作机制，全面务实地推动中日基金行业相互了解、相互学习、相互合作，共同绘制未来发展蓝图。

日本的 REITs（不动产投资信托基金）市场始于21 世纪初。2001年3 月，东京证券交易所开设 J-REIT（日本不动产投资信托基金）市场，同年 9 月，两只办公楼型 REITs 在东京证券交易所首次上市，开启了日本的 REITs 时代。此后，日本的 REITs 市场发展迅速，其规模已位居亚洲第一。日本REITs的发展历程，对中国有非常重要的借鉴意义。我非常高兴地看到《图解日本 REIT》这部全面介绍 J-REIT 的中译本问世。该书在对日本 REITs 的介绍中，有 3 个方面值得思考。

一是日本在《金融商品交易法》层面对 REITs 的界定。

日本在 2007 年 9 月 30 日开始施行的《金融商品交易法》，是一部将多类别的金融产品进行一体化管理的法律，对包括 REITs 在内的不动产证券化产品做了清晰界定，将其定义为“有价证券”。《金融商品交易法》定义的有价证券分为两种：第一项有价证券和第二项有价证券。第一项有价证券是指那些流动性好、容易变现的金融产品，股票、公司债券和 REITs 等都属此类。第二项有价证券是指那些流动性较低、短期内难以变现的金融产品，包括信托受益权和集团投资架构份额等。这是一种值得参照的视角。

目前，中国国内的《证券法》对证券的定义属于列举式，不是实质性定义，造成证券范围过窄，REITs 无法成为可公开发行的证券，这制约了 REITs 的发展。因此，《证券法》要从证券的本质来定义什么是证券，将包括 REITs 在内的各类证券化资产和投资基金份额视为证券，在《证券法》体系下，明确与 REITs 份额相关的权利义务关系，为各类市场参与者提供行为基准，包括统一登记制度、信息披露制度、交易制度以及监督执法等。

二是日本 REITs 的税收处理方式。

日本的 REITs 税制与国际通行经验接轨，能够避免双重征税。日本 REITs 是作为投资法人而存在的，在投资法人将当年收益的 90% 向投资者分红的情况下，免征投资法人所得税，而只对投资者从 REITs 份额中取得的分红收益征收个人所得税。

中国国内 REITs 遇到的一个难题在于，REITs 在收购和转让不动产时，既要在交易环节缴纳增值税，又要在收益分配前缴纳所得税。高额流转税负成本致使基础资产没办法放在基金名下，只能以收益权的方式存在，而收益权在目前法律框架下难以做到真实确权和保全。进一步来说，由于收益权的不确定性，REITs 往往更多地注重发行人是否担保、是否回购等保障措施，忽视了 REITs 对基础资产的现金流要求，这种情况导致类 REITs 大行其道，真正的 REITs 却无法发展。我们应当借鉴日本的 REITs 税制经验，对 REITs 这一投资工具免征增值税，而当 REITs 将当年收益的 90% 分配给投资者时，对 REITs 份额持有人征收个人所得税。

三是以专业的不动产资产管理人为核心的 REITs 管理体系。

我们知道，REITs 是一种不动产的权益份额，资产管理人对该权益的价值实现具有重要作用。正如本书中所提到的，日本的不动产证券化分为“资产流动型”和“资产运用型”两个大类。前者主要是指将确定好的资产，通过证券化方式实现流动性的架构；而后者更多的是指通过管理人的资产管理服务，为投资人实现资产收益和增值的架构。REITs 无疑属于后者，具有很强的资产管理属性，因此，专业的资产管理人在整个架构中居于核心地位。日本 REITs 的发展，正是以专业的不动产资产管理公司所主导的管理体系为基础的。

日本的“投资管理业”对“不动产相关特定投资管理业”做了明确的规定，其从业人员需要具备不动产投资管理的相关能力。中国国内虽然有专业的地产基金，但是并没有在法律层面上对不动产类的资产管理人有所规范，更没有形成一个发达的不动产资产管理行业。目前中国国内承担类 REITs 管理人角色的，主要是证券公司和基金子公司，它们更多的是在产品层面做安排和管理，缺少对底层不动产的资产管理能力。公募 REITs 亦然，没有专业的不动产资产管理机构，就难以为投资人创造良好的价值。因此，构建专业的不动产资产管理体系，是发展不动产证券化所面临的重要课题。

他山之石，可以攻玉。相信读者在这本书中，可以通过了解日本的不动产证券化经验，得到很多启发，助力中国国内不动产金融创新事业的发展。

是为序。

中国证券投资基金业协会党委书记、会长

洪磊

推荐序二

在美国、日本等发达国家，REITs（不动产投资信托基金）作为一种成熟有效的不动产投融资产品，因其收益稳定和回报率高的特点，广受市场青睐并且得到了长足发展。随着我国不动产价格的高涨，不动产企业出现了流动性降低和挤占资金等情况，不动产行业的风险因素增加，这在一定程度上阻碍了不动产企业的发展。

习近平总书记在2016年中央经济工作会议中提出了"房住不炒"。国家对于不动产的管控日趋收紧，靠不动产增值来实现巨额盈利的时代可能会一去不复返。那么如何在盘活存量不动产的同时降低风险就成为一个亟待解决的问题，不动产证券化可谓是化解上述难题的一件利器。其在帮助企业引入社会资本的同时，提供更充沛的现金流与更加灵活的资产配置方式，并起到风险隔离作用，从而实现企业与社会资金的有效流动，达到收益共享的目的。

虽然不动产证券化，特别是公募REITs有诸多优势，但由于我国的相关配套政策法规尚不完善，到目前为止，仅有少量类REITs产品推出。2018年，中国证券监督管理委员会、中华人民共和国住房和城乡建设部发布了《关于推进住房租赁资产证券化相关工作的通知》，明确鼓励发行房屋租赁资产证券化产品。在可预见的未来，中国的 REITs 将会迎来高速发展，但与此同时，REITs 相关法律法规仍不完善，主要涉及以下几个方面。

第一，法律制度问题。国际上的 REITs 多采用公司制，以公开上市融资的方式募资，而国内尚未有发行 REITs 的配套法律和法规，如按照当前的《证券法》和《公司法》等规定，不动产载体公司难以公开发行证券。因此，国内仅有私募类 REITs 形式，而且面向的投资者有限。

第二，双重征税问题。国际上对 REITs 或多或少都有配套的税收优惠政策，而国内的类 REITs 按照现行税制在运营阶段将会面临双重征税，投资和管理的税收成本偏高，导致不动产资产的持有人实施不动产证券化的积极性不高。

第三，不动产证券化之后的运营与监管。国内的类 REITs 通常采用“资管计划 + 私募基金”的形式，但不动产证券化后的运营主体并不是法人，架构搭建比较复杂，且缺乏稳固的法律保障。

这些是我国不动产证券化推进过程中不得不面对的课题，相关专家学者已经就此进行了诸多探讨与总结，也总结出了很多创新理念与宝贵经验。《图解日本 REIT》一书，结合时代背景、经济情况、配套法规、税收政策等，图文并茂地向读者展示了日本不动产证券化的发展历程与现状，以翔实的数据和图表揭示了日本不动产证券化的公募和私募基金形式，以及公开发行 J-REIT（日本不动产投资信托基金）的方式，全方位地为读者介绍日本不动产证券化的宝贵经验。

这本书虽然不是法学专业著作，但介绍了 J-REIT 的整个法律体系，包括《SPC 法》、《投信法》、《金融商品交易法》、SPC 相关配套税收特别规定的法律和法律修订，同时还介绍了与之相适应的几种

SPC 架构，可谓是日本不动产证券化的实务简明指南。相信无论是法学者、金融学者，或是从事法律学术研究的人员，都能在本书中找到他山之石。

华东政法大学副校长、锦天城律师事务所主任

顾功耘

译序

近年来，中国不动产金融的创新方兴未艾，特别是以不动产投资信托基金为代表的不动产证券化，更是备受瞩目。在此背景下，我们之所以选择翻译一部关于日本不动产证券化的著作，是因为在国内市面上，尚无一部对日本的不动产金融体系做完整介绍的著作。而我们认为J-REIT（日本不动产投资信托基金）的经验，有许多值得中国借鉴之处，因此，我们在比较了多部相关著作后，最后选定该书来进行翻译。

该书的作者是三菱日联信托银行的不动产咨询部，这其实是团队协作的成果，具有全面性、专业性和可读性，是读者了解日本不动产金融的最佳读本。作为译者，我们有必要向该书的读者阐明以下几点内容。

第一，这本书的中文名是《图解日本 REIT》，但其除了对日本 REIT 进行介绍外，也对整个日本的不动产证券化做了详尽而全面的介绍。

说起日本的不动产证券化，人们常常想到的便是 J-REIT。确实，J-REIT 在规模扩张、业绩表现和治理结构上，都取得了相当大的成就。但是纵观整个日本不动产金融史，你会发现日本的不动产证券化市场始发于私募型，在 J-REIT 出现之前的 1998 年 9 月到 2000 年 3 月末，在关东财务局登记备案的私募型证券化产品已有 37 件，发行总量达到 2.15 万亿日元。不仅如此，即便在 J-REIT 已经成熟的今天，日本私募型证券化市场依然具有相当大的规模和影响力，其发行规模与 J-REIT 旗鼓相当。J-REIT 和私募型证券化在日本不动产证券化领域各有所长，平分秋色。

该书对 J-REIT 之外的多种私募型证券化也进行了相当充分的介绍，这有助于读者对日本的不动产金融工具有全面的理解，也便于做比较认知。

第二，关于对 REIT 的翻译，我们使用的是“不动产投资信托基金”，而不是常用的“房地产投资信托基金”。在中国，对“房地产”和“不动产”的使用是比较随意的，而我们认为，时至今日，应对两者做明确的区别使用。

正如中国证券投资基金业协会会长洪磊所言：“长期以来，我们对 REITs 的翻译有误，理解过于狭隘，认为它只是房地产投资工具，实践中进一步异化为房地产的债务融资工具，阻碍了 REITs 的发展。这一认识误区也导致 REITs 与房地产市场捆绑在一起，仅从房地产市场看 REITs 发展需求，没有看到 REITs 的完整功能。这也是 2004 年政策层面启动 REITs 研究后，相关制度无法推出的重要原因。”

房地产更多指代的是住宅开发，而不动产更多指代的是经营性物业，包括城市公用设施、商业零售、仓储、医疗等多个类别。从本质上说，这代表两个不同的行业主体：一个是房地产开发商，一个是资产管理人。

第三，为便于阅读，该书以意译为主。日文在语言习惯上，与中文有较大的不同。我们考虑到如果是逐字逐句地直译成中文，会给中文读者带来不少阅读障碍。因此，我们在充分理解原文含义的基础上，用中文的表述习惯来进行语句的编排。实际上，对于这本书的翻译，更多的精力是花在中文的打磨上。我们呈现出的中文译稿，要比原文的日语表述简洁得多。

该书在翻译过程中，得到了多方的支持。在此感谢一般财团法人日本不动产研究所理事长日原洋文先生、中国 REITs 联盟秘书长王刚先生、德邦基金总经理陈星德先生、闫云松博士等业界人士对该书所提供的专业支持，也感谢锦天城律师事务所的李惠来、朱阳、林正蔚、邱鹏在翻译过程中提供的有力协助。

我们还要特别感谢的是中信出版集团的许志女士和王西琨女士，她们对这本书就像对待自己的孩子一样用心，为这本书的出版工作付出了大量的心血。

翻译该书所花费的时间和精力远超当初预想。多少次的琢磨推敲，多少次的争论商议，如今依然历历在目。回头来看，能在喧嚣的日常中有所专注，实在是一段美好的记忆。该书翻译难免有不当之处，欢迎各位读者指正，提出宝贵意见。

车阳　林述斌　顾晓

前言

在21世纪，日本见证了不动产证券化市场的发展，同时也经历了新的市场周期。不动产市场在经历了基金泡沫的过热期和金融危机后的停滞期之后，又因安倍经济学的启动而重新步入恢复期。在此期间，不动产证券化市场也因《金融商品交易法》（简称《金商法》）等法律的出台及J-REIT（日本不动产投资信托基金）相关法律法规的完善而步入成熟期。

我们在2006年出版了《图解不动产证券化的全部》一书。本书虽保留了一部分共通的内容，但大部分内容都是重新编写的。

本书面向不动产证券化相关从业人员以及对J-REIT感兴趣的人士，以简洁而又通俗易懂的解说来介绍不动产证券化，让读者能在短时间内相对全面地了解相关知识。同时，对于有经验的实操者来讲，本书在知识以及信息的整理上也颇具参考价值。

本书前半部分主要介绍了不动产证券化的概要，复杂而难以理解的部分大都以图表的形式加以说明，以使读者更加容易理解。

后半部分主要集中在关于实操要点的解说方面。在《金商法》的解说里，不动产证券化的相关部分是重点。案例学习的部分整理回顾了过去被证券化的物业在不同的阶段通过不同的架构在市场中进行流通的案例。

本书在编写过程中正逢东京获得 2020 年奥运会的主办权，对于不动产市场的发展，我们期待这个好消息能带来积极的影响。在前辈们不断摸索的基础之上，我们定将推动不动产证券化市场继续前进。

我们希望本书能够为肩负推进不动产证券化市场发展重任的读者提供一点帮助。

最后，本书从出版策划阶段开始，就得到了东洋经济新报社的渡边智显先生的大力支持和帮助，我们借此机会深表谢意。

三菱日联信托银行不动产咨询部

目录

第一章

不动产证券化的历史

不动产证券化的概要

不动产证券化的定义

不动产证券化，简单地说，是将某项不动产转让到为证券化而设立的特殊公司中，此特殊公司以其受让的不动产作为基础资产进行资金募集的过程。

狭义的不动产证券化是指通过发行股票以及债券等狭义的有价证券而进行的资金募集。而从广义的角度来看，像《金融商品交易法》（简称《金商法》）框架下被称为有价证券的 TK（匿名组合）[①] 出资、运用不动产信托受益权或者《不动产特定共同事业法》（简称《不特法》）等架构进行不动产投资，并对投资人分配现金流（cash flow）的过程，均被称为不动产证券化（当然，后者有时也被称为不动产流动化，本书不做详细区分，一律称之为不动产证券化）。

上述为证券化而设立的特殊公司，我们一般称之为 SPC（特殊目的公司）。SPC 是 Special Purpose Company 的简称，本书会在第 2 章以后进行详细说明。

---

① TK 是一种基于《商法》设立的组织形态，详见本书第 2 章“为证券化而特别设立的工具：SPC”部分。——译者注

在最近的与不动产买卖相关的新闻报道里，经常会出现某某投资法人、某某 TMK（特定目的公司）以及某某 GK（合同公司）等字眼。这里的投资法人，是指在第 5 章中所解说的 J-REIT（日本不动产投资信托基金），而 TMK 以及 GK，则是指证券化过程中设立的 SPC。另外，外资基金公司在投资日本不动产时，交易的对象一般为不动产信托受益权，这也可以视作不动产证券化的一种形式。

从将不动产转让给 SPC 的所有权人的角度来看，不动产证券化和实物不动产买卖在法律和经济层面具有同样的效果，而从为 SPC 提供资金的投资人以及金融机构的角度来看，不动产证券化的收益和风险仅限于该不动产所产生的收益层面的投融资活动。

不动产证券化的规模

日本的不动产证券化市场发展至今，也不过 20 年的历史，其规模已达 30 万亿日元（估计）。图 1.1 是国土交通省每年进行的“不动产证券化实态调查”的统计结果。

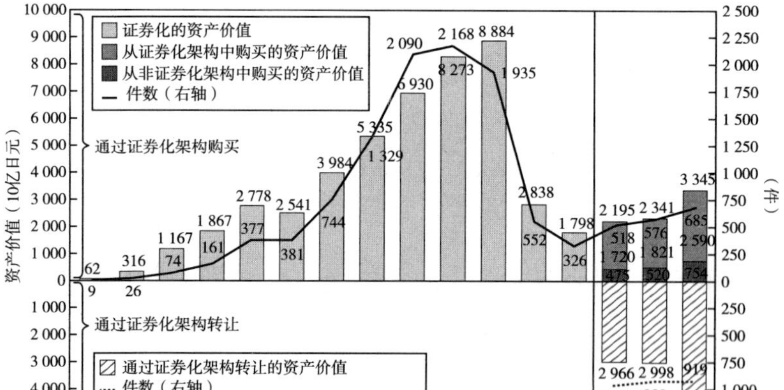

图 1.1　不动产证券化规模的发展

注：证券化架构是指日本 REIT、TMK、GK-TK（合同公司 + 匿名组合）以及不动产特定事业者等用于进行不动产证券化的架构。

资料来源：国土交通省“2012 年度不动产证券化实态调查”。

2009 年之前和 2010 年之后的调查方法不同，因而无法在较长时间段内进行比较，但仅从 2012 年的数字来看，通过 SPC 或者J-REIT 架构购买的不动产总资产值达到近 3.3 万亿日元，同时，大约有 4 万亿日元的证券化不动产被出售。

不动产证券化可以分为 J-REIT 和私募基金（private fund）两大类。其中，J-REIT 持有的资产总值在 2013 年 4 月突破 10 万亿日元。根据一般社团法人不动产证券化协会对会员单位的调查统计，截至 2012 年 12 月末，私募基金的资产规模达到 10.5 万亿日元，两者的资产总值合计超过 20 万亿日元。在日本，公司等法人持有的不动产总值超过 400 万亿日元，其中投资性不动产（含证券化的不动产）约为 100 万亿日元，可见不动产证券化市场的发展空间还很大。

最近，J-REIT 的 IPO（首次公开募股）以及股票行情经常出现在各大新闻媒体上，与此同时，涉及几百亿日元以上的大规模交易，也基本上都和证券化有关系。不动产证券化发展至今，走过一条不平坦的路。接下来我们先简单回顾一下不动产证券化的历史进程。

不动产证券化从黎明期到壮大期

《SPC 法》的制定

日本的不动产证券化市场，通常以 1998 年颁布的《特殊目的公司实现特定资产流动化法》（简称《SPC 法》）作为起始标志。但在此之前，在《不特法》的法律架构下，市场上也存在着以租赁型不动产作为投资对象的不动产小额化产品。在《不特法》框架下，有任意组合型、TK 型和租赁型 3 种产品类型，但是由于不能有效规避原始权益人的破产隔离（bankruptcy remoteness）风险，因此还不能被称为真正意义上的证券化。

1996—1997 年，泡沫经济破灭后，金融机构的不良债权问题集中爆发。如图 1.2 所示，在地价持续大幅下降的过程中，如何迅速处置抵押资产并回收债权是一个重要的课题。在此期间，被称作秃鹫（HAGETAKA）的外资基金灵活运用在欧美已经炉火纯青的证券化方式，低价收购不良资产包，这种市场行为令人瞩目。为了推进不良债权的处置，政府制定了《SPC 法》，旨在通过证券化方式来处置抵押资产或担保债权，并于 1998 年 9 月开始施行。

《SPC 法》通过 SPC 将不动产本体分离出来。设立 SPC 是为了通过发行特定公司债、优先出资证券等有价证券，来募集购买不动产所需的资金，通过此过程，不动产完成了证券化。同时，《SPC 法》还通过向股东分红的税前抵扣方式，规避了双重课税的风险。可是，在《SPC 法》颁布的初期阶段，还是存在诸多不便，如要公布详细的资产流动化计划、审批手续繁杂等。

基于这个原因，当时市场上出现了很多非《SPC 法》架构的不动产证券化方式。具体来说，非《SPC 法》架构就是通过设立以不动产证券化为唯一目的的 KK（股份有限公司）或有限责任公司，并以基础资产作为债务偿还的指定对象，向银行等金融机构申请非追索型贷款（Non Recourse Loan，简称 NRL），同时通过《商法》下的 TK 出资，来设计避免双重课税的架构。由于没有法律上的明确规定，同时又没有先例，当时这些产品基本上是由实操者以及法律、会计、税务等方面的专家根据每个案例的特点边摸索边实践来共同完成的非标产品。

在这个时期，制造业及服务业等行业的一般公司和金融机构等，为了融资或者公司决算等，将其长期持有的不动产证券化的案例并不少见。当时，由于经济长期低迷，企业业绩不振，企业将长期持有的总部大楼、营业店面、工厂等具有较大增值空间的不动产证券化，以此来进行融资，有的甚至还通过资产出售来改善财务状况，用以支付企业裁员的开支或实现最终财务报表上的盈利。

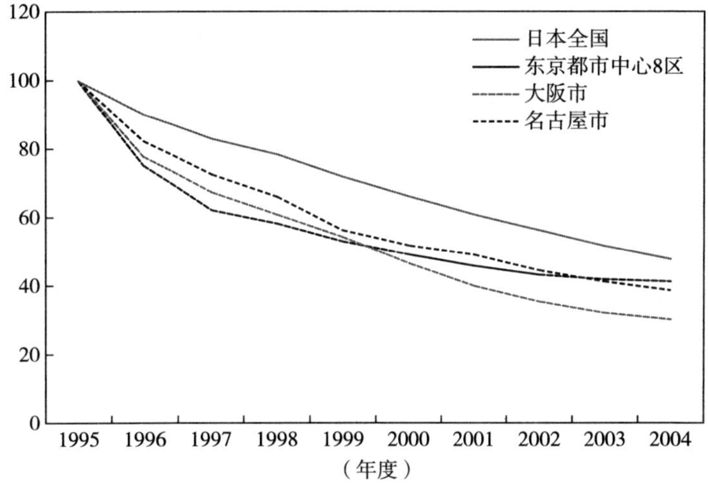

图 1.2　商业用地地价公示价格的变化（设 1995 年 =100）

资料来源：国土交通省地价公示。

如图 1.2 所示，当时地价处于长期下跌状态，投资人为了使今后不动产价格下跌的损失最小化，通常会要求卖方通过某种方式来共同参与整个交易过程。其中一种常见的方式就是，要求卖方入股 SPC。在《SPC 法》制定初期，有关不动产证券化的会计处理方式没有明确的规定，各审计机构的意见不统一，即使原始权益人在 SPC 中的持股比例较高，会计上仍然可以被视作真实出售。但是，在进行证券化后，地价持续下跌，卖主在 SPC 中的持股价值也遭受损失。

这种现象在市场上引起了激烈的争论，一部分人认为这种行为无非是将市场风险顺延了而已。日本会计师协会在 2000 年 7 月制定了“5% 规则”，规定除了个别特殊情况，在同年 8 月以后所有的不动产证券化项目中，原始权益人的持股比例如超过 5%，会计上将不被视作真实出售。

到 2000 年 12 月为止的不动产证券化案例中，如表 1.1 所示，原始权益人是一般生产企业的，多半没有采用 SPC 架构。

表 1.1　一般公司作为卖主的证券化案例（截至 2000 年 12 月）

时期	卖主	物业名	所在地
1999 年 3 月	日本能源（Japan Energy）	总部大楼	东京都港区
	尤尼吉可（UNITIKA）	大阪国际大厦	大阪市中央区
1999 年 9 月	迈凯乐（MYCAL）	集团旗下的 10 个商场	兵库县加古川市等
1999 年 9 月	马自达（Mazda）	MAZDA 的 29 个直营店铺	
	住友轻金属工业	住友轻金属柏工厂	千叶县柏市
1999 年 11 月	朝日啤酒	朝日啤酒东京工厂	东京都大田区
2000 年 1 月	日本电气公司（NEC）	总部大楼	东京都港区
2000 年 2 月	森永制果	森永广场	东京都港区
	三菱材料	大手町第一广场等	东京都千代田区等
	东武铁道	宇都宫市的写字楼等 5 处物业	
2000 年 3 月	日产柴油汽车工业	总部工厂	埼玉县上尾市
2000 年 5 月	科斯莫石油	396 处加油站	
2000 年 8 月	西武百货店	西武池袋店	东京都丰岛区
2000 年 10 月	西友	西友的 9 个商场	爱知县春日井等

注：公司名为证券化当初的名称。

《SPC 法》以及《投信法》的修正

1998 年施行的《SPC 法》，由于在实操上具有一定的不便性，在 2000 年进行了修正，法律名称也随之修改为《资产流动化法》（简称还是《SPC 法》）。其主要的修正内容是各种审批程序的简化以及公开披露信息的减少。同时，在已有的 SPC 之上增加了特殊目的信托的架构。《SPC 法》修正之后，利用 SPC 架构的不动产证券化案例迅速增多。但即使这样，在《SPC 法》以外的架构中，KK-TK（股份有限公司 + 匿名组合）的组合架构仍然具有一定的优势。

2000 年，另外一个具有标志性的事件就是《关于证券投资信托及证券投资法人的法律》（简称《投信法》）的修正。虽然《SPC 法》可以被定位为日本不动产证券化市场的开篇之法，但是《SPC 法》架构的特点是首先要选定目标资产，属于资产导向型证券化，而且投资者原则上仅限于机构投资者。而《投信法》则开拓了包括个人投资者在内的更广泛的投资者范围，开辟了全新的资金导向型证券化市场。

修正前的《投信法》，仅局限于股票以及债券等投资对象，无法通过投资信托的形式进行不动产投资。本次修正的主要目的，是为了创设新制度，以促进不动产流动化的发展，刺激不动产市场，着眼于吸引巨额个人存款进入不动产投资市场。《投信法》的修正将不动产投资列为允许投资的对象，从而催生了 J-REIT。REIT 这一名称是美国 Real Estate Investment Trust 的简称，可直译为不动产投资信托基金，而日本版的 REIT 则被命名为 J-REIT。

在 2000 年 11 月开始施行《投信法》之后，东京证券交易所也积极准备 J-REIT 的上市工作。随后，在 2001 年 9 月，日本房产基金（Nippon Building Fund）和日本不动产（Japan Real Estate）两只 J-REIT 股票率先上市。

与此同时，在《SPC 法》和《投信法》框架以外，采用 TK 出资等方式的私募基金也得到迅速发展。如上所述，在早期的不动产证券化案例中，大多是原始权益人主导、通过证券化架构进行出表从而实现资金募集或资产增值收益的。之后，不动产公司以及机构投资者在投资不动产时，利用证券化架构进行资产收购的比重开始增加。在交易架构中，以不动产信托受益权作为交易对象，买方主导了从设立

SPC 到资金募集的全过程，原始权益人甚至没有任何出资。

不动产证券化的基础资产以及架构的种类层出不穷，比如以开发物业为基础资产的开发型证券化、多个 SPC 组合的新方式等如数登场，可以说是百花齐放的新时代。

在不动产证券化顺利发展的过程中，传统的不动产公司以及金融机构等积极参与了相关业务。银行以及证券公司等拓展不动产证券化全过程的协调安排业务，不动产公司积极开展不动产投资过程中的 AM（资产管理）以及 PM（物业管理）业务。这种轻资产业务的诞生，正好使一直在寻求转型的传统不动产开发商进行了新型业务的拓展。正是在这样一个良好的行业环境中，不动产证券化的市场迅速扩大，2004 年其规模就达到了 5 万亿日元。

经过高速发展期和低迷期后，重新回到发展扩大期

高速发展期之后的金融危机

不动产证券化市场在 2005—2007 年的 3 年间达到顶峰。这 3 年内的不动产证券化市场规模达到了 24 万亿日元。这个时期，活跃的不动产证券化市场带动三大都市圈地价的大幅上涨（见图 1.3）。所以，这个时期也被称为基金泡沫期或者迷你泡沫期。接下来，我们简单描述一下这个时期的几个特点。

首先，J-REIT 市场得到快速增长。上市 J-REIT 股票从 2001 年 9 月的两只开始，截至 2005 年 3 月末，数量仅增加到 16 只，资产规模扩大到 2.5 万亿日元。接下来，在 2005—2006 年的两年时间里，有 25 只 J-REIT 股票成功上市，资产规模也在 3 年后的 2008 年 3 月末扩大了将近 3 倍，达到约 7.2 万亿日元。

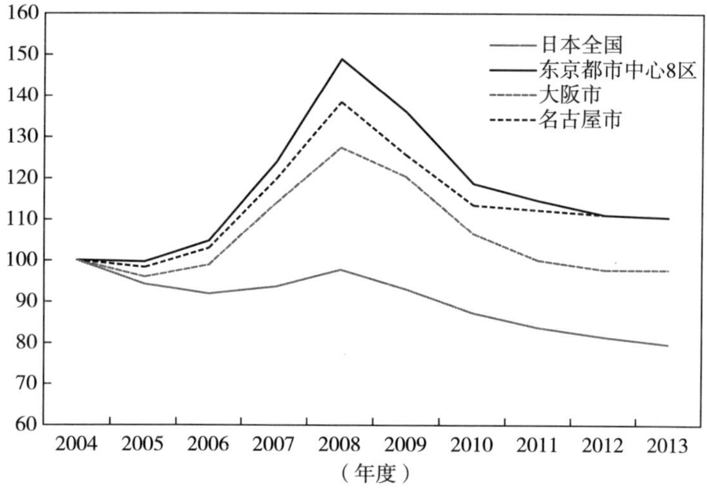

图 1.3　商业用地地价公示价格的变化（设 2004 年 =100）

资料来源：国土交通省地价公示。

其次，在不动产证券化市场参与者急速增加的同时，出现了更多使用自有资金进行不动产证券化投资的现象。在这之前，市场上只能看到以外资企业、大型金融机构、大型不动产公司等为主的有较强实力的公司参与不动产证券化业务。随着市场规模的急剧扩大以及不动产价格的持续上升，不动产证券化成为一项极具魅力的新型业务，一些中小型不动产商以及金融机构也积极参与和开拓业务。当然，市场上同时出现了很多借用 SPC 的名义和类似架构进行短期买卖炒作，以及为将来做证券化准备而在表内储备大量资产的现象。

最后，国际资金的流入和大型物业交易明显增加。2005—2007 年，国际投资基金大量进入日本，投资商业不动产，其无论在投资金额还是所占比重上都急剧上升。仲量联行（JLL）调查统计，日本 2007 年上半年的外资投资交易额达到 151.2 亿美元，同比增长近 3 倍。如表 1.2 所示，通过证券化方式完成的单项资产额在 1 000 亿日元以上的交易，基本上在外资投资企业中。

表 1.2　以海外投资者为主的 1 000 亿日元以上的交易案例（2004—2007 年）

交易时期	物业	类型	价格	买主
2004 年 9 月	国际赤坂大厦、国际新赤坂大厦东馆、西馆	写字楼	1 000 亿日元以上	龙星基金（Lone-Star）设立的 SPC
2004 年 12 月	品川中央大厦	写字楼	约 1 402 亿日元	摩根士丹利设立的 SPC
2006 年 7 月	芝公园大厦	写字楼	约 1 430 亿日元	达·芬奇基金设立的 SPC
2006 年 9 月	丸之内太平洋世纪广场	写字楼	约 2 000 亿日元	达·芬奇基金设立的 SPC
2007 年 4 月	全日空旗下的 13 个酒店物业	酒店	约 2 813 亿日元	摩根士丹利设立的 SPC
2007 年 6 月	三菱卡车巴士公司的 180 个直营店	店铺	1 600 亿日元以上	稳妥资本日本投资公司基金和帝杰（DLJ）设立的 SPC

资料来源：《日经不动产市场信息》。

不动产证券化市场规模迅速扩大，在 2007 年年末达到 30 万亿日元。随着规模的不断扩大，政府于 2007 年 9 月出台了包括不动产受益权在内的各种交易对象的统一性监管法律：《金商法》。

与此同时，市场发生了巨大的变化。发生于 2007 年上半年的美国次贷危机给日本市场也带来巨大的影响。2007 年 6 月，一直保持上升通道的 J-REIT 股价急剧下降，IPO 也基本中止。即使这样，东京的写字楼市场依然保持空置率下降、租金持续上升的良好市况，到 2008 年上半年，以私募基金为主的不动产证券化案例仍随处可见。可是，在 2008 年 9 月发生的以雷曼兄弟银行破产而引发的世界金融危机则完全冻结了日本不动产证券化市场，流向不动产市场的资金骤减，市场几乎处于停滞状态。

外资投资企业集体撤出日本市场，之前到期后还能顺利再融资的贷款也面临无人接手的困难局面。通常，证券化项目中的 NRL 在发放时会附带诸多条件，随着整体经济的减速，入驻企业大量退出，造成空置率上升，进而影响了基础资产的现金流和物业评估价值，市场开始出现贷款方要求一次性返还贷款的现象。

同时，一些中小型不动产投资公司，在迷你泡沫期动用大量自有资金较为激进地收购物业，也因财务状况恶化而纷纷破产。本来破产可能性极低的 J-REIT 公司，虽然不动产本身的租赁收益赢利，也因贷款到期后无法顺利再融资，而在 2008 年 10 月出现了破产现象。J-REIT 公司通过股东变更、增资扩股、企业并购（M&A）重组等方式纷纷展开自救行动，以争取度过这场危机。

迈向新时代

一场世界性的金融危机，使不动产证券化市场规模急剧缩小，如图 1. 1 所示，2009 年的证券化资产总值缩水到 2007 年的 1/5。

J-REIT 公司的破产严重打击了市场信心，政府为了消除这种不安，于 2009 年 9 月设立了面向 J-REIT 市场的救市基金——不动产市场安定化基金，随后，日本央行专门设立了购买 J-REIT 股票的基金，持续买入 J-REIT 股票，意在稳定 J-REIT 市场。

经政府及业界同行的共同努力，不动产证券化市场逐渐恢复元气，曾经一度离去的外资投资者也开始回归日本投资市场。

遗憾的是，发生在 2011 年 3 月 11 日的东日本大地震，又给日本不动产投资市场带来了巨大的影响，不动产交易市场也因为地震风险而一度停滞。幸运的是，J-REIT 所持有的物业在这场大地震中几乎没有大的损坏，用事实证明了日本在建筑设计上所采用的抗震标准的有效性。

2011 年之后，虽然写字楼租金和地价持续下跌，证券化项目的融资环境却得到大幅改善，贷款到期后能顺利再融资的项目逐渐增多。可是，J-REIT 的股票价格长期低迷，物业收购也有较大困难，很难说不动产证券化市场已经全面进入正常的轨道。

此时，证券化市场的新面孔——私募 REIT 出现了。私募 REIT 和 J-REIT 一样，是《投信法》框架下的证券化产品。它既解决了 J-REIT因为是上市产品而带来的股价波动性问题，又规避了一般封闭式私募基金的投资者在期限内无法随时变现的局限性，因而深受投资期限长的机构投资者的推崇，得到稳定发展。

2012 年可以说是不动产证券化市场的新里程碑。2012 年 4 月，时隔四年半的 J-REIT 市场重新迎来了 IPO 的成功，从此步入新的高速发展期。从 2012 年 4 月到 2013 年 7 月，在短短 1 年零 4 个月内，J-REIT 实现 8 只新股票的上市，资产规模新增 2 万亿日元，实现了 20% 以上的增长。

在私募基金方面，无论是外资还是内资，投资者的投资欲望都重新兴起，和金融危机之前相比，来自亚太地区的外资投资者表现得更加突出。

截至 2013 年夏天，以大城市为中心的地价探底回升，不动产证券化市场终于跨过了金融危机的低迷期，重新迈入新的发展时期。

第二章

不动产证券化的架构

证券化的标的资产

一般来说，不动产通过证券化方式可以更容易地实现交易。可是，证券化方式并非万能，不能让所有的不动产都起死回生。

所以，在选择证券化的标的资产时，首先要看资产是否可以产生稳定的现金流。具体来说，不动产的现金流来自其租金收入以及将来出售时所获得的销售收入。资产的现金流越容易预测、越稳定，证券化的可行性越高，反之则越低。举例来说，租赁型写字楼以及住宅就是比较容易证券化的代表性物业类型，而对一块荒地实施证券化就很困难。

选择证券化的基础资产时，重要的条件包括：在证券化期间，各期的租金收入相对稳定（收益的可预测性和稳定性）；在证券化到期时，不动产容易转让（流动性）。

收益的可预测性和稳定性

能满足以下 3 个条件的不动产，可以说是具有收益的可预测性和稳定性的优质不动产。当然，不需要同时满足这 3 个条件。但是，如果标的资产是租赁型物业，至少要满足前两个条件中的一个。

条件一：在租户退租后，能迅速实现再招租。

此类物业的租赁需求大，租金水准相对容易把握，租赁市场具有一定的深度和厚度。比如，离地铁站近的标准型物业、建筑年份新以及设备设施品质高的物业、规模较大的写字楼等，都是相对容易证券化的物业。

条件二：拥有长期稳定的租户。

如果不满足第一个条件，就要特别强调租户的综合信用度。比如，长期的租赁合同可以使租金收入相对稳定。写字楼以及住宅的租赁合同期一般为两年，一般情况下，租户在提前一段时间通知之后，就可以解约。租赁合同期如果过短，就很难预测租金收入。为了使租金收入稳定，进而达到证券化的条件，人们通常采取签订长期租约、增加不可降低租金的条款、禁止中途解约或增加中途解约的罚则、包租等方式来提升租金的稳定性。

可是，由于日本受限于《借地借家法》，在实际操作过程中，上述这些附加条件未必有效。人们更多的时候会通过签订定期的租赁合同来保证其操作的可行性。

同时，租户保证的租期过长，在会计处理上又会出现其他的问题。关于这一点，我们会在后述内容中做详细说明。

条件三：具有运营实绩。

运营实绩是指在过去一定时期内的运营记录，具体是指租赁收入以及收支的记录等。如果过去的经营记录比较丰富，其对于预测将来的现金流将会起到很大的作用。

流动性

本来证券化的目的和作用之一就是提高不动产本身的流动性，而此处将其作为证券化的条件之一，似乎有点矛盾。这里的流动性指的是基础资产在证券化到期后，会不会有新的买家（或者新的出资者）的问题。我们在后述章节的证券化退出战略里也会谈到，如一个证券化项目在到期后，以这个基础资产还能募集到资金来进行下一轮的投资，就说明这个证券化的不动产具有流动性。

在证券化市场的发展初期，证券化的标的资产大多为租赁市场较大、租金收入相对容易预测的写字楼、住宅以及和优良租户签署了长期租赁合同的商业设施等物业。之后，证券化对象扩大到租赁市场相对比较薄弱的酒店以及工业仓储等物业。甚至在一段时期内，竣工后以销售为目的的开发项目（销售型商品住宅、租赁型住宅、写字楼、商业设施等）也充分运用了证券化架构。

不动产证券化的架构

为了和证券化的不动产有所区别，我们暂且将被证券化前的不动产称为实物不动产。接下来，我们通过一张简单的架构图（见图2.1）来说明实物不动产是如何被证券化，从而变成证券化不动产的。

1. 证券化不动产当初的所有人被称为原始权益人。原始权益人将需要证券化的资产全权委托给安排人（arranger），由其负责综合协调和安排，对资产实施证券化。而安排人需要准备一个载体，仅用于基础资产的运营及买卖。该载体大部分以公司的形式存在，是为证券化而设立的 SPC。除了公司形式，载体还有信托、组合等形式，但在本书中统指最常用的 SPC 形态。

2. SPC 通过向金融机构发行公司债或申请贷款，引入投资者的权益性资本等方式，募集购买基础资产所需的资金。这里，我们将贷款方以及公司债的购买方称为债权类投资人，将股权的投资者称为权益类投资人。

3. 原始权益人将基础资产（或者不动产受益权）转让给 SPC，获得出售价款。

4. SPC 从基础资产的租金收入中扣除基本的管理费、偿还公司债以及贷款利息（如果是本利等额还款方式，还需要偿还一定金额的本金）之后，向权益类投资人分配剩余收益。

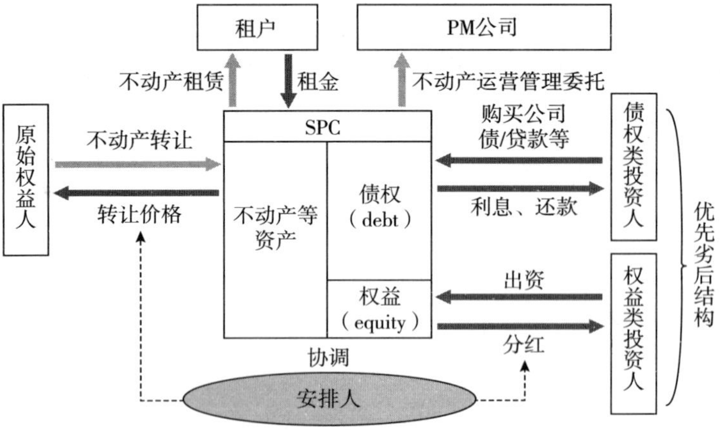

图 2.1 证券化的架构

5. 证券化项目到期后，通过转让基础资产取得的销售额，在扣除一定的销售费用之后，优先偿还公司债以及贷款，最后再分配给权益类投资人。

不动产证券化，根据以原始权益人为中心还是以投资人为中心，可以分为资产流动化型证券化和资产运用型证券化。两者的架构在细节上有些不同，但整体上的构造和图 2.1 类似。

资产流动化型证券化

资产流动化型证券化是指通过特定不动产的流动化来进行融资的证券化。原始权益人将所持有的不动产转让给 SPC，以达到募集资金或改善财务状况的目的。后续谈到的《SPC 法》,[①] 也是基于这个架

① 参照第 4 章的“TMK 模式”部分。

构进行设计的。因为证券化的前提是有特定不动产的存在，因此其也被称为资产主导型证券化。

资产运用型证券化

资产运用型证券化是指以买卖以及运营多个不动产为目的的证券化。它从多个投资人处募集到不动产投资运营所需的资金，再将收益分配给投资人。私募基金等属于这一类型。[①] 因为它是以运营资金的存在为前提的，所以也被称为资金主导型证券化。

不动产证券化的目的和好处

原始权益人的动机和好处

从原始权益人的角度来看，是什么样的动机促使原始权益人做出证券化的决断呢？一般来讲，原始权益人有以下动机和需求。

> 通过转让不动产，实现销售利润（或者止损）或轻资产化，在一定程度上控制将来不动产价格下跌的风险。另外，有时候即使转让了该不动产，原始权益人仍然想保留一定程度的影响力（如保留在将来以市场价格回购的机会，转让后可以继续使用等）。

这是从原始权益人的角度来看的最主要的证券化动机。通常来讲，不动产被转让后，原始权益人无法再行使任何权利。但是，通过资产流动化型证券化，原始权益人可以保持一定程度上的参与机会。

---

① 参照第 4 章。

这里很重要的一点是，其在架构设计上既能保留原始权益人一定的参与权，在法律以及会计角度上又能符合真实出售的各种条件。

如原始权益人想继续使用被证券化的不动产，具体的参与方式是在一定条件下，租赁并使用转让后的不动产（这里称之为售后回租）。

如果原始权益人不通过证券化架构将不动产转让给第三方，在将来要回购时，需要争取卖家的同意，事实上这是比较困难的，价格也由卖家主导。但是，如果通过证券化进行转让，原始权益人就可以在一定条件下实现回购（这里称之为优先购买权①）。

如果原始权益人有这方面的需求，通常会对证券化不动产进行部分投资，从而可以享有相应股权比例的资产运营收益和资产增值收益。

但是，对于以上对原始权益人有利的各种证券化方式，如果原始权益人的参与层面过大（比如原始权益人的出资比例高于5%或者附有原始权益人的回购条件等），通常在会计上无法被认定为真实出售，这一点需要留意（参见第8章）。

> 单纯的不动产买卖，由于涉及金额较大，在物色买家时需要花费较长时间。在卖方有资金需求时未必能立即找到买家。所以，原始权益人无法在理想的时间内轻易地募集到资金。

证券化可以使投资金额实现小额化，进而更容易广泛地集聚投资人，即使在经济不景气的时期，只要能确保一定的收益，市场还是会有不动产证券化产品的投资人的。同时，在证券化的构建时期，也可以完全依据原始权益人的需求来进行，这些都是证券化的好处。

---

① 优先购买权是指在不动产证券化退出时进行不动产转让的过程中，赋予原始权益人等的一种优先交涉权。这是一种可以拒绝作为最高出价方的第三方买家，进而以同等价格优先购买此不动产的权利。

单项不动产所涉及的金额比较大，比如，一个价值200亿日元的物业要进行转让，不容易找到可募集200亿日元资金的企业或个人投资者。但是，通过证券化就可以相对容易地找到10亿或者50亿日元的投资者（见图2.2）。同时，证券化产品如果涉及公司债或者贷款，由于面向的投资者基本上是资金实力比较雄厚的金融机构，就可以相对容易地根据原始权益人的需求来安排交易的时期。

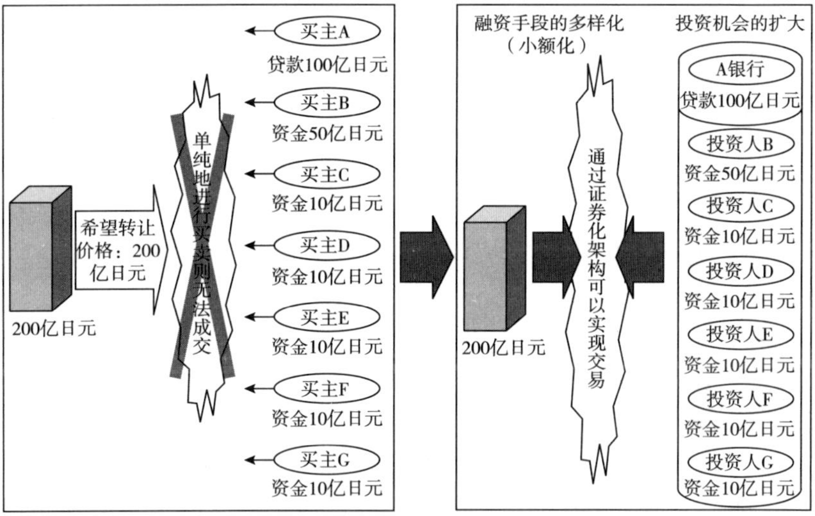

图2.2　投资金额的小额化

与其碰运气去寻找有资金实力的买家，不如去寻找着眼于不动产本身收益能力的多个投资人，这样相对来说更容易些。

> 公司的信用评级较低，如果发行公司债，发行利率会比较高，希望通过所持有的优质物业进行较低成本的融资。

也许这个需求仅限于个别现象，但这也是不动产证券化的一个不可忽视的优点。证券化融资不是基于企业本身信用力的企业融资，而是基于证券化不动产本身收益能力的资产融资。即使企业因业绩低迷而使公司债的发行及贷款比较困难，或者融资成本比较高，只要标的不动产具有可预测的稳定收益性和较高的流动性，就可以通过证券化方式进行条件相对优越的融资。

债权类投资人的好处

从投资者角度来看，他们可以获得适合自身战略需求的不动产证券化产品。

大多数的机构投资者以传统的股票或者债券作为投资对象，相对于这些保守的投资产品，不动产投资属于另类投资①范围。在现实生活中，既具备实物不动产投资及运营管理经验，又持有大量不动产投资资金的投资者并不多见。针对不动产投资经验相对欠缺的投资者来说，如能将实物不动产转换成债券或贷款等相对易于理解的产品，就比较容易投资。

另外，通过不动产证券化的架构设计，可将实物不动产分割成具有不同性质的、相对风险较高的权益类以及相对风险较低的债权类金融产品。通过这样的分割，投资者范围将大大扩充，产品销售也变得更加容易，这是证券化的一个重大作用。

追求高回报的投资者可以选择相对风险较高的权益类产品，追求稳定收益的投资者可以选择购买公司债或者成为贷款方。一般来说，相对熟悉不动产投资的不动产公司、原始权益人以及投资基金等会选择前者，而以商业银行为主的金融机构则倾向于选择后者。

不动产证券化可以完全和原始权益人的企业信用风险脱离开来。

① 另类投资，又称替代投资，是指对传统投资对象（上市公司股票、债券等）以外的金融和实物资产进行的投资，包括不动产私募基金投资等诸多品种。这类投资和股票以及债券的价格变动的相关性较低，可以起到分散风险的作用。

这是因为，即使是设定了抵押权的不动产抵押贷款，在企业破产之后，根据破产清算程序的不同，贷款人未必能够通过处分抵押资产回收资金。通过证券化方式，原始权益人将持有的不动产转让给 SPC，融资对象就变为 SPC。这样的话，即使原始权益人破产，也可以将风险降到最低。这一点我们会在第 3 章“破产隔离”部分进行详细说明。

破产隔离，除了使债权类投资人、权益类投资人和原始权益人的破产风险隔离，还有将权益类投资人和 SPC 的破产风险隔离（只承担以出资额为上限的损失）以及各投资者之间相互进行破产隔离（不会因为其中某个投资者的破产而使整个证券化受损失）等更广泛的作用。

权益类投资人的好处

权益类投资人的投资目的是获取期间收益分配和资产增值收益。当然，投资人也可以通过自有资金和融资组合的方式来进行实物不动产投资，但是，自己投资就需要作为当事人参与不动产的买卖以及运营管理。如果将等额资金投资到证券化项目的 SPC 中，不涉及具体的实务操作也能获得和实物不动产相近的回报。同时，还能相对容易地和其他投资者进行共同投资，所承担的损失也仅限于投资额度之内。这样一来，权益类投资就变得更有效率了。证券化项目中权益类投资产品的销售对象，除了熟悉不动产投资的专业投资者，还可以扩大到对不动产投资不太熟悉的投资者。非上市型的私募基金可以募集相对少数的投资者，而在公开市场上市的 J-REIT 则可以面向不特定的多数投资者。

当然，原始权益人也常作为权益类投资者出现。其好处是，在售后回租的方式下，可以通过收益的分配金来抵扣部分租金开支，同时，还可以享受退出时的资产增值收益或优先交涉权等权益。

证券化过程的参与者

上面的章节主要介绍了作为物业供给方的原始权益人以及作为投资方的债权类和权益类投资人。一个证券化项目的成立，仅有这些角色是远远不够的，还需要有在各个方面发挥重要作用的参与者共同参与才能顺利完成。接下来我们就详细说明一下这些主要的参与者。

安排人

安排人是指在证券化商品的组成过程中承担整体协调、组织任务的参与者（见图 2.1）。一般由信托银行或商业银行等金融机构、证券公司、不动产公司和咨询公司等来承担此业务。不动产证券化整体协调业务的主要内容如下：

1. 设计满足原始权益人需求（如募集资金、标的不动产的出表等）的证券化整体架构。

2. 对证券化不动产所产生的现金流进行有效加工、分割，设计出满足各层次投资者需求的证券化产品（如权益投资、夹层债、优先债等），同时还要考虑避免双重课税的问题。

3. 编制证券化过程中所需的文件资料，安排相关专业公司设立 SPC 之后，将证券化标的不动产转让给 SPC。

4. 根据需求对债权类产品进行分级，同时负责募集债权类和权益类投资者。

5. 通过公司债、贷款、权益投资等金融产品，募集到所需的资金，完成证券化过程所需的相关业务。

安排人在整个证券化过程中，起到协调各个层面的参与者、促进交易顺利进行的重要作用，同时，又在资金需求端和投资者之间起到促进良好沟通的金融中介作用。在证券化过程中，参与的机构有 PM 公司、AM 公司、评级机构、尽职调查（due diligence）机构、审计机构、税务机构、律师事务所等，可以说，安排人是游走于这些机构之间并起润滑剂作用的最核心成员。

AM 公司

在众多的参与成员里，承担不动产运营管理的核心成员是 AM 公司和 PM 公司。AM 公司承担不动产证券化的经营者职能，对个别不动产做出合理的投资判断，从而使整体的不动产投资组合实现投资收益最大化。

AM 公司的业务范围十分广泛，涉及在证券化前期阶段对基金运营方针的战略立案、投资对象的分析判断、PM 公司的选择等，有时候还要负责对投资者的募集。在证券化后，AM 公司负责利息的返还以及收益分配等不动产投资收益的财务管理，持有物业的中途转让、投资组合的置换、物业的追加买入、物业的改造升级以及对整体投资组合的综合管理等。AM 公司还需要编制相关资料，并及时向投资者汇报说明运营管理状况。

除了 J-REIT，所有的投资都需要通过物业的出售转让来实现退出。AM 公司需要充分考虑并选择合适的出售时机和出售方法，并按照当初制定的投资策略承担从物业购买到退出的全流程运营和管理工作。

PM 公司

PM 公司根据 AM 公司或者物业所有者的指示，承担物业的日常运营管理、资产价值保全以及租赁管理等业务，以达到不动产收益最大化的目的。租赁管理业务，除了吸引优良客户入驻以确保稳定的租金收益，如何能够不断提升客户满意度来防止客户流失也是非常关键的。同时，根据 AM 公司制定的业务方针，PM 公司需要努力寻找合适的租户，尽量缩短空置期并维持租金水平的增长。AM 公司和 PM 公司的关系如图 2.3 所示。

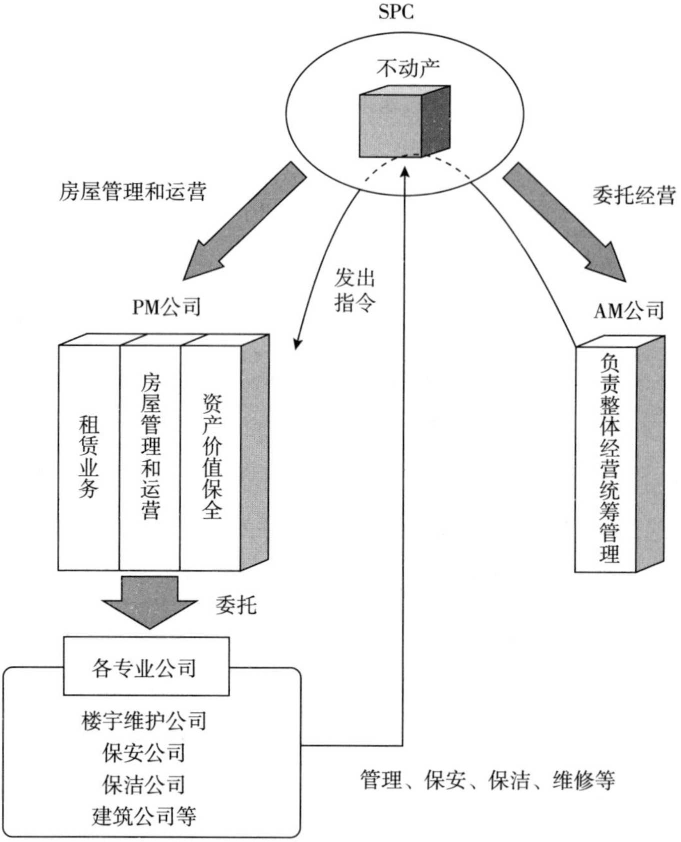

图 2.3　AM 公司和 PM 公司的关系

建筑物的日常运营管理，是指建筑物的安全保卫、保洁等业务，通常外包给相对应的专业公司。而资产保全业务则是指为延长建筑物的寿命，制订合理的维修或改造计划，并委托给施工单位的管理业务。PM 公司由于直接负责不动产的一线管理工作，在实现所管理的不动产收益最大化方面也起到重要的作用。实现投资组合的收益最大化，需要制订大规模修缮计划、合理的工程计划和预算管理计划，同时需要在投资组合的物业里合理考虑租户入驻的先后顺序等，这些重要事项的决策，对 AM 公司的整体判断极其重要。

个别的不动产在和主力核心租户签署长期租赁合同后，通常由此租户负责日常的运营管理，这种情况下的 PM 公司只起到租赁管理的作用。

为证券化而特别设立的工具：SPC

利用 SPC 的目的

证券化产品的债务偿还以及收益分配等的资金来源，仅限于证券化不动产本身所产生的现金流，原则上不对基础资产以外的关联风险负责。证券化不动产的运营管理尤其需要和原始权益人的信用风险进行严格的隔离。同时，证券化产品所产生的现金流需要按照证券化计划所设计的层级进行先后分配，这也需要通过一个特殊目的载体来完成。为完成这些目的而设立的特殊目的载体我们称之为 SPV（特殊目的载体）。

SPV 有信托、组合等各种形式，根据其不同的特征应用于不同性质的证券化项目中。其中，不动产证券化最常见的形式是 SPC。

SPC 是为了实现受让人受让原始权益人所持有的资产，并以此资产所产生的现金流为基础发行证券等特殊目的而设立的公司。为使 SPC 达到证券化所需的各种功能，在设立 SPC 时需要注意以下几点。

1. 在公司的章程上需要明文规定此公司是为资产取得或资金募集等目的而特别设立的公司。同时，还需要注意在章程上规定将来不能随意更改业务范围。这样做的目的是从设立之初就限定 SPC 自身的业务范围，将风险锁定在可控范围之内。

2. 在人事、资本关系等方面设计不受原始权益人破产等影响的合理制度（破产隔离），使其业务范围仅限于证券化所必需的业务。为了达到这些目的，过去通常会先在避税天堂开曼群岛设立 SPC，通过开曼 SPC 持股在日本国内设立的 SPC，再间接持有不动产。由于在海外设立 SPC 需要花费的成本比较高，近年来，通常做法是在日本国内设立一般社团法人来代替开曼 SPC。①

3. 需要设计避免双重课税的合理架构。双重课税是指，SPC 作为一个法人被征收企业所得税之后，投资者仍需要缴纳其分红所对应的所得税。避免双重课税问题的方法，因 SPC 形式的不同而存在差异。②

SPC 的种类

SPC 的公司形态有 GK 和 TMK（基于《SPC 法》规定而设立的 SPC）。而对于 REIT，SPC 的形态则是投资法人。根据证券化项目的性质以及需求不同，人们可选择不同的 SPC 形态。

GK-TK

GK 是在公司法体系下的一种公司形态。因其具有以下特点而作为一个常见的 SPC 形态被广泛应用在证券化项目中：比较容易设立；相对于普通的 KK，其维护成本比较低；架构比较简单、灵活。

---

① 参照第 3 章的“一般社团法人”部分。

② 参照第 3 章的“避免双重课税”部分。

当 SPC 采用 GK 形态时，以 TK 作为搭配进行出资形式的居多。所以，这种架构也以 Godokaisha + Tokumei Kumiai 的简称 GK-TK 命名。

TK 形态既可以避免双重课税,[①] 又可以实现基础资产的收益几乎全分配。TK 是基于《商法》设立的组织形态，投资者（称为 TK 员）对经营者（TK 出资合同上称为营业者）进行投资，经营者有义务将经营事业所得的收益根据 TK 投资契约所规定的条款进行分配。

当不动产证券化项目采用这种形态时，国内设立的 GK 作为经营者，和作为 TK 员的权益投资者签署 TK 投资合同。而 SPC 作为不动产的所有者，其外部投资者的身份因为匿名并不会出现，更不会对经营进行干预。该 TK 的收益在扣除营业者报酬之后，再被分配给投资人。

但是需要注意的是，GK-TK 方式的投资对象只能是不动产信托受益权,[②] 这是因为，如果投资对象是实物不动产，对应的法律将变为《不特法》，手续的烦琐性以及成本都将大大增加。

TMK

TMK 是基于《SPC 法》的投资载体。为了和 SPC 进行区分，以 Tokutei Mokuteki Kaisha 的简称 TMK 进行命名。

在 TMK 的结构形式下，只要满足一定的条件，股东分红就可以在税法上进行税前抵扣，以达到避免双重课税的目的。[③] 所以，为了达到股东分红税前抵扣的相关条件，相对于 TK 架构来讲，TMK 的相关当事人需要更加留意。需要注意的是，不动产的折旧费是不能进行分配的。

---

① 参照第 3 章的“避免双重课税”部分。

② 参照第 3 章的“不动产信托”部分。

③ 参照第 3 章的“避免双重课税”部分。

在资产流动化计划书的编制和备案过程中，TMK 结构需要人们花费较多的精力，同时对入池资产不能随意进行置换，结构上缺乏相应的灵活性，不属于资产运用型的资产证券化。

由于存在上述结构上的不利因素，TMK 结构的实际应用相对于 GK-TK 结构要少很多。但是，TMK 结构具有很多 GK-TK 结构所没有的优势，比如可以发行公司债，可以不通过信托形式直接投资实物不动产等。通常，开发型证券化以及因为各种原因而无法设定信托受益权的不动产投资等，会较多地采用 TMK 结构。

投资法人

根据《投信法》的规定，以运用从投资者处募集而来的资金为目的而设立的法人组织称为投资法人。我们随后将介绍的 J-REIT（第 5 章）以及私募 REIT（第 6 章）就是采用了这种投资法人制度的不动产投资信托。

同样，投资法人结构在满足一定条件的情况下，也可实现股东分红的税前抵扣而达到避免双重课税问题的功能。①

SPC 的资金募集 （债权和权益）

SPC 的重要作用之一就是根据投资者的需求（投资者所期待的风险及回报）分配不动产所产生的现金流。SPC 是为持有不动产而设立的公司，因设立当初没有任何的资金，所以需要从外部募集购买不动产的全部资金。当然，SPC 本身无法完成资金募集的过程，需要依赖外部的协调人来进行资金募集。和一般的公司一样，SPC 募集的资金也分为债权和权益两大类。

---

① 参照第 3 章的“投资法人（J-REIT）”部分。

对债权类和权益类等各种优先劣后顺序不同的不动产证券化产品进行组合，并根据优先劣后顺序的不同，分配不动产所产生的现金流的结构，称为优先劣后结构。

债权类产品主要有贷款或者公司债等形式，相对于权益类产品具有优先偿还并且比较稳定的优点。在债权类产品中，还可以进行优先、次优先以及劣后等产品分级。被分割的各个部分称为层级，而完成这个分割的工作称为分级。

在债权类产品中，优先部分为优先债，其次为夹层债或次级债，分别取得 AAA～B 不等的评级。

权益类产品主要有 TK 出资和优先出资等形式，属于资本金性质，劣后于债权类产品进行偿还。融资内容如图 2.4 所示。

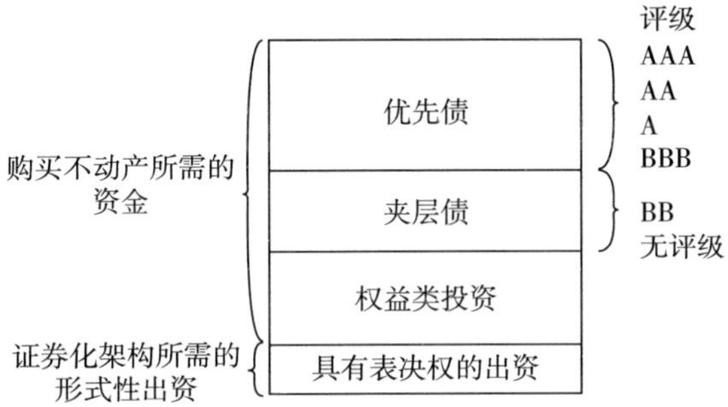

SPC 形式	GK-TK	TMK
优先债（公司债）	—	特定公司债（优先债）
优先债（NRL）	优先贷款	特定目的借款（优先债）
夹层债（公司债）	—	特定公司债（夹层债）
夹层债（NRL）	夹层债	特定目的借款（夹层贷款）
权益类投资	TK 出资	优先出资
具有表决权的出资	出资	特定出资

图 2.4　融资内容

由于债权类产品只能享有事先约定的本利偿还，不动产本身所产生的资本增值等归属于权益类投资者。债权类产品中各级别份额的比例以及股债比例由投资者、评级公司等来制定。

专栏　夹层债的含义
夹层就好像是大楼的中二层，在不动产投资中，夹层债介于债权和权益之间。也就是说，夹层债兼具债权和权益两者的含义，但更多的是指前者。夹层债的偿还顺序排在优先债之后，所以相对应的风险也较高，属于中风险、中回报的投资产品。在多数情况下，其很难被认定为投资级产品（评级在 BBB 以上）。 通过设计夹层债这个层级可以降低权益类产品的投资比例，对权益类投资人来讲，就可以提高杠杆率，进而提高投资回报率。同时，如果原始权益人也是权益类投资人，由于会计准则上的要求会对权益类产品的投资比例有一定限制，而夹层投资人的出现可以有效地解决这个问题，推进证券化架构的顺利完成。如何顺利地嫁接夹层投资人，需要安排人来发挥重要作用。

权益类投资的角色

在一般的金融产品里，权益类投资是指股权投资。不动产证券化产品里的权益类投资，在经济层面上同样如此。SPC 需要在将所持不动产的现金流（扣除必要费用之后）优先偿还债权类投资人的收益后，再把剩余收益分配给权益类投资人。

债权类投资人享有事先约定好的本息金额以及优先偿还权，与之相对，权益类投资人不能享有事先确定的投资回报，而需要根据经营业绩的好坏来获得收益分配。如果租金上涨、地价上升等因素使基础不动产的经营状况良好，那么权益类投资人就可以获得超出当初预测的收益，还可在证券化期限到期退出时，享有资产的增值收益。反之，如果资产经营状况恶化，权益类投资人的运营收益分配额就会受到影响，还会有资产减值的风险，甚至存在投资本金无法回收的可能性。从这点来看，权益类投资属于高风险、高回报的投资。

权益类投资，先于债权类投资而承受市场变动所带来的风险，从另外一个层面也间接地保证了债权类投资的优先偿还顺序（或者说提高了债权类投资品的信用度）。所以，权益类投资也可以说是 NRL 及 CMBS（商业抵押贷款支持证券）等具有相对较高信用度的债权类投资的一种外部增信措施。

在证券化的初期阶段，权益类投资人主要来自原始权益人以及外资的机构投资人。日本的不动产证券化起源于企业出表以及不良债权的打包出售①需求。特别是企业有出表需求的证券化项目，为了更容易募集到一般投资人，同时又能保持对资产的相对影响力，很多原始权益人会在会计准则允许的条件下（所谓的 5% 规则），进行一定程度的权益投资。在现阶段，不动产证券化的权益类投资作为一种具有杠杆效应的高回报投资品，取得了日本国内的机构投资者以及不动产公司的广泛认可，原始权益人以外的权益类投资人逐渐增加。在证券化发展过程中，不同阶段的权益类投资人的动机虽有所不同，但权益类投资作为一个高风险、高回报投资品的根本性质没有发生变化。

需要说明的是，不动产证券化中的权益类投资虽然在经济权益层

① 打包出售指的是资产组合出售。优良资产和不良资产通常被组合成一个资产包整体出售，便于快速变现回收资金。

面上趋同于一般公司的股权投资，但在法律权益层面上则完全不同。无论是 GK-TK 架构中的 TK 出资还是 TMK 架构中的优先出资都不是 SPC 的股权，不具有表决权。

杠杆效应

权益类投资是可实现杠杆效应的投资。杠杆效应是指通过引进债权类投资，降低权益类投资的比例，进而提高权益类投资的回报率。

在不动产的回报率大于贷款利率时，SPC 通过债权类和权益类投资的组合，可以利用杠杆效应来提高权益类投资的回报率。这种金融商品，对于追求高回报的投资人来讲是一种相当具有魅力的投资商品。

年化收益率的简单计算公式如下：

权益类投资年化收益率 = 年化收益 ÷ 权益投资额
注：未考虑不动产的资产价值增减。

从这个公式来看，提高年化收益率的方法无非就是提高年化收益或者降低权益投资额。

举个例子，假设一栋价值 100 亿日元的不动产的净收益率（即租金收入扣除所有运营所需的费用后的净收益 ÷ 不动产价格）为 5%，为了实现杠杆效应，募集利率为 3% 的 NRL① 为 70 亿日元，剩余 30 亿日元为权益类投资。每年的净收益 5 亿日元（100 亿日元 ×5%）在扣除利息 2.1 亿日元（70 亿日元 ×3%）之后，可供分配给权益类投资人的剩余收益为 2.9 亿日元（5 亿日元 − 2.1 亿日元）。如图 2.5 所示，最终权益类投资的投资收益率为 9.7%（2.9 亿日元 ÷ 30 亿日元）。

① 参照第 2 章的“NRL”部分。

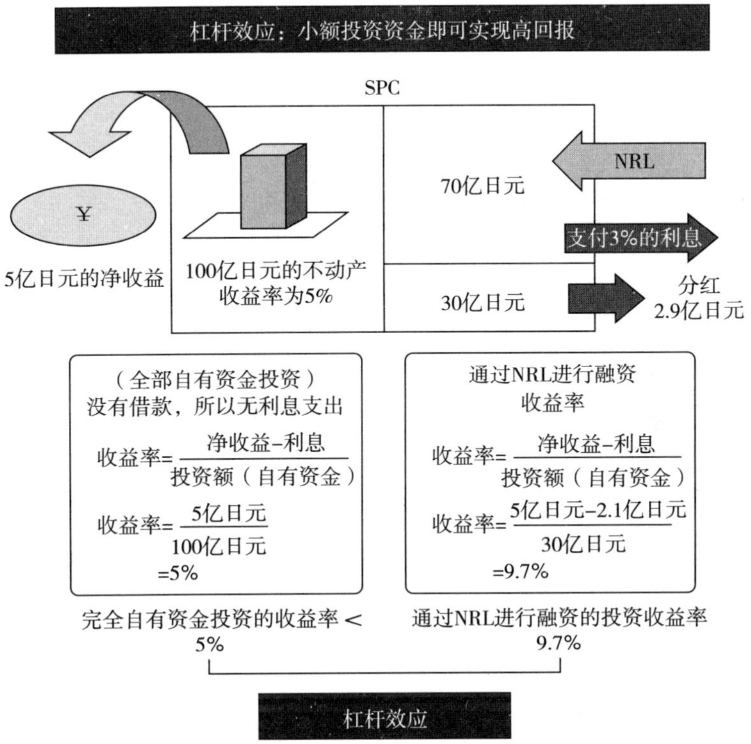

图 2.5　通过杠杆效应实现的收益率变化

按同样的计算方法，如果债权类投资和权益类投资分别变为 80 亿日元和 20 亿日元，则权益类投资的收益率会提高到 13% ［(5 亿日元 - 80 亿日元 × 3%） ÷ 20 亿日元］。很显然，债权类投资的比例越高，通过杠杆效应，权益类投资的收益率就越高。

另外，不动产的整体收益率和债权类融资利率之间的利差（yield gap）越大，杠杆效应就越大。还是以该不动产为例，在其他条件不变（不动产价值 100 亿日元，70 亿日元的贷款，30 亿日元的权益类投资）的情况下，如果将贷款利息从 3% 下调到 2%，那么权益类投资的收益率可以从 9.7% 提高到 12% ［（5 亿日元 - 70 亿日元 × 2%） ÷ 30 亿日元］。通过杠杆效应实现的收益率变化如图 2.6 所示。

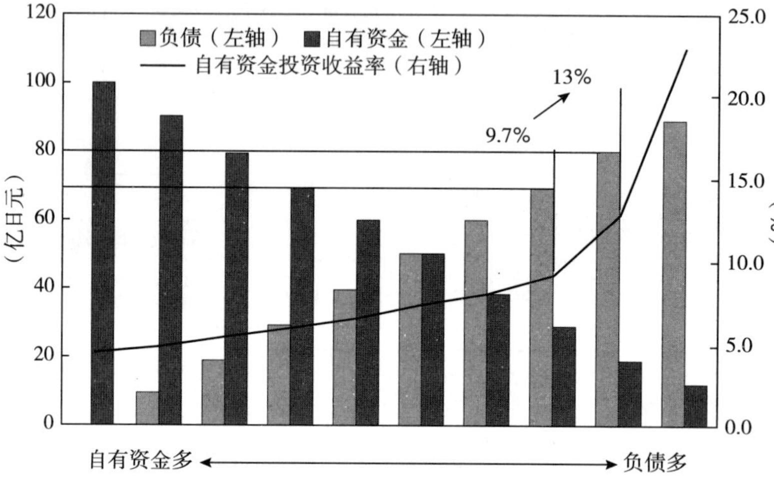

图 2.6　通过杠杆效应实现的收益率变化

如上所述，通过引进低利率债权类资金而带来的杠杆效应，可以大幅提升权益类投资的回报率。当然，杠杆效应同时也具有反向作用的风险，在不动产整体收益率处于上升通道时，会带来正向扩大效应，反之，在不动产整体收益率处在下降通道时，则会增加权益类投资人的损失额。所以，杠杆的作用就是将不动产投资的风险和回报同时扩大，表示债权比例的参数是 *LTV*（贷款价值比），[①] 其比率越高，风险和回报的振幅越大。

但是，由于高杠杆（即高 *LTV* 比率）意味着贷款方的高抵押率，贷款方所要求的利息往往也会相应提高，而利息的上升会在一定程度上冲击杠杆效应。由于高杠杆存在一定的副作用，AM 公司需要非常合理地设定 *LTV* 的比例。

本章节所讨论的收益率是以不考虑资产价值变动为前提的。如果要考虑资产价值的变动，后述第 9 章会讨论 *IRR*（内部收益率）这个

---

① 参照第 9 章的“*LTV*”部分。

投资指标的概念。无论资产价值的变动是否被考虑在内，杠杆的作用就是扩大不动产投资的风险和回报，通过杠杆效应，投资者在获取高额回报的同时，也要面对投资的加速损失风险。

债权类投资的角色

NRL

在债权类投资商品中，最具代表性的当属 NRL。通常的贷款（追索型贷款）是基于借款方信用的融资，还款来源可以追索到借款方的所有财产。

相对于普通贷款，NRL 是非追索型融资，还款来源仅限定于不动产所产生的收益现金流。即使借款方在融资到期时，将不动产变现后仍无法全额偿还贷款，贷款方也不能要求借款方用其他资产来充当还款来源。也就是说，由于还款来源被锁定，借款方的风险得到有效控制。

对于贷款方，NRL 也有一定的优点。首先，通过设计合理的 SPC 架构，NRL 对原始权益人进行了有效的破产隔离。其次，一定比例的权益类投资可以对整个架构进行增信。再加上选择优秀的 AM 公司来运营 SPC 持有的优质物业，那么 NRL 的回收可能性就大大加强。这种条件下的 NRL 利率通常会低于对原始权益人直接申请的普通贷款利率。当然，相对于普通贷款，NRL 在利息成本之外还要承担 SPC 的组建费用及各种事务性费用等额外成本。NRL 的特征、应用 SPC 架构的优缺点及 NRL 的前提条件如图 2.7 所示。

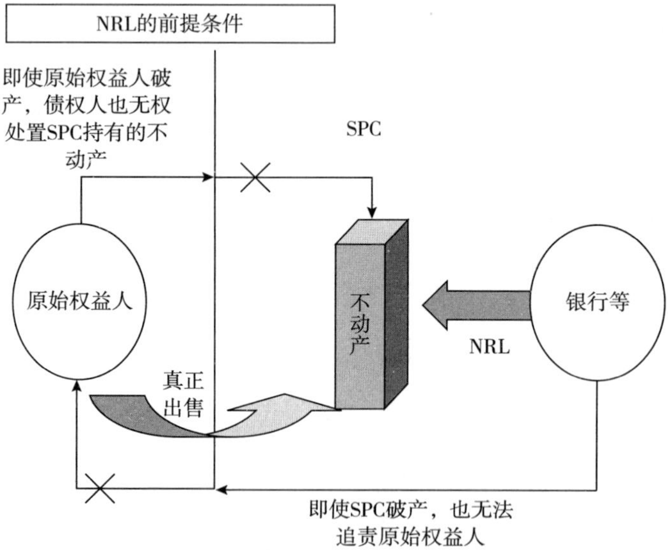

NRL 的特征：

1. 限定责任财产（借款方的偿还风险被锁定）。
2. 以资产所产生的现金流作为贷款担保。

表　应用 SPC 架构的优缺点

	贷款方	借款方
优点	不需要承担原始权益人的信用风险	即使投资发生损失，损失额也可以限制在既定范围内 相对于普通贷款，融资成本较低
缺点	还款来源被锁定	初期成本增加 如果原始权益人的评级较高，则不具融资成本优势

图 2.7　NRL

特定公司债、投资法人债

根据 SPC 的架构不同，债权类的投资品还有以债券形式出现的。

特定公司债

特定公司债是TMK架构发行的一种债券。它类似于KK发行的公司债，是根据《SPC法》的规定，由TMK发行的用于购买特定资产的一种资产支持证券。特定公司债的投资人，可以优先于其他债权人享有TMK的债务偿还。从经济层面来看，特定公司债类似于NRL，但其发行和募集受《金商法》的监管。

投资法人债

同样是公司债的一种，投资法人债是由J-REIT的投资法人来发行的一种债券。通常来讲，J-REIT更多的是从银行来融资NRL的。但作为融资手段的一种，J-REIT可以通过面向银行以外的机构投资者来发行投资法人债，以拓宽融资渠道。

CMBS

CMBS是指由SPC发行的商业抵押贷款支持证券，还本付息的主要资金来源为商业地产的租金收入。银行可以将持有的商业地产贷款（NRL）的债权进行加工、组合，形成可在市场销售的金融产品。

CMBS虽被翻译成商业抵押贷款支持证券，但这里的商业地产，是指用于经营租赁的收益型不动产，并不仅限于店铺等商业用途不动产。

如图2.8所示，银行将当初融资给不动产证券化SPC的债权分别转让给另外一个SPC，由后者通过发行CMBS所募集的资金，来支付债权受让的价格。通过这种将多个债权入池到一个新SPC的做法，来完成新型债券CMBS的发行过程。

根据还本付息的顺序不同，CMBS通常还进行多层次的分级，并分别取得从AAA到BB等相对应的评级。除了这种由多个债权组成的债权池，在日本，以实物不动产或不动产信托受益权为基础资产发行的贷款支持债券，同样也被称为CMBS。

CMBS 诞生于 20 世纪 80 年代的美国，在 21 世纪初世界经济比较景气的大环境里，无论是在美国还是在日本，其发行规模都飞速增长。2007 年之后，受世界金融危机的影响，市场对 CMBS 的到期偿还能力产生了怀疑，这导致其发行规模大幅缩小。

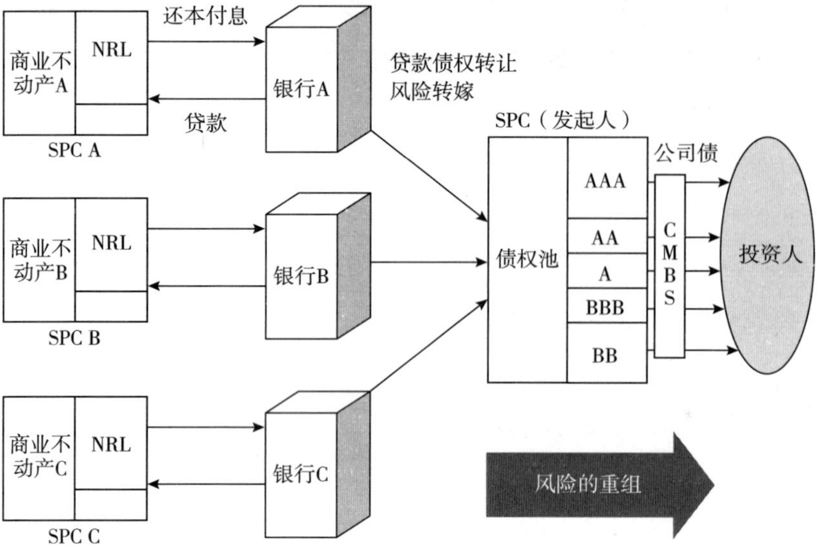

图 2. 8　CMBS 的架构

值得一提的是，类似的产品还有以住宅贷款债权为证券化对象的产品 RMBS（住房抵押贷款支持证券）。当然，RMBS 的债务者为个人，债权的性质以及评级的关注点也和 CMBS 存在差异。

SPC 的瀑布原理

水流会因地势由高往低流，形成瀑布。证券化对象所产生的现金流走向，也如同瀑布一样，会依照安排人预先计划的先后顺序，流向各个层级的投资人。这就是所谓的瀑布原理，它明确规定了各个当事人在参与现金流分配中的优先劣后关系。

如前所述，不动产证券化所募集的资金由债权类和权益类组成。无论是对债权类投资的还本付息，还是对权益类投资的收益分配，都来源于基础资产所产生的现金流。而基础资产所产生的现金流则由运营期间的租金收入和退出时不动产的销售收入构成。

基础资产在运营期间的租金收入是支付各种费用、债权类产品的还本付息以及权益类投资收益分配的唯一资金来源。债权类投资的还本付息根据事先约定的条款有多种方式，其中，利息原则上是定期支付的，而本金偿还方式有到期一次性支付和分期偿还（amortization）两种方式。通常，我们在证券化架构的设立初期就明确约定债权类投资的还本付息方式和时期，而权益类投资人的收益分配金额会因不动产收支的变化发生较大的变动。

另外，我们通常会在权益类投资的收益分配之前计提一定金额的准备金，为租户中途退租以及维修等费用支出做准备，也有助于提高债权类投资的信用等级。如果事先可预测到在运营期间内会转让不动产，那么通常会约定最低转让价格以及债权类和权益类投资人分别对应的还款额。

在既定的运营期结束后，无非是通过再融资或者销售不动产来实现退出。不动产在市场上的转让所得，在偿还债权类投资的本金之后，剩余现金会被分配给权益类投资人。由于债权类投资的偿还资金来源于不动产的销售收入，转让价格的高低关系到本金是否可以足额偿还。同样，不动产的转让价格也直接关系到权益类投资人是否可以收回全部的投资额。

AM 公司需要通过各种方法，以在退出时实现较高的不动产转让价格，比如进行必要的改造，以实现不动产的附加值，降低运营期间的各种成本，不断吸引具有较高租金承担能力的租户入驻，通过招投标方式进行转让等。

不动产证券化的退出战略

由于资产流动化型证券化以及不动产私募基金都属于有期限型的证券化，根据贷款以及 CMBS 的期限，需要在到期时重新考虑资金募集的方法。无论是对持有不动产的转让还是再融资，都是证券化退出战略的一种。退出战略需要在证券化架构搭建的初期就考虑。本章节将介绍几种主要的退出战略。

由于 J-REIT 和私募 REIT 属于无期限限制的证券化架构，原则上不存在退出战略。但是，在持有的资产池里，根据情况及时将一些入驻率低下、建筑年份比较久远的物业进行出售的现象也不少见。同时，根据各个时期不同的投资策略，资产池还会随时进行资产更换。

转让给 REIT 或者其他私募基金

这是最常见的一种退出战略。这是因为，不动产私募基金和REIT是不动产投资市场的主要参与者，具有较高的接盘能力。反过来，REIT在公开上市之前，通常也会将标的资产装在私募资金里，运营一段时间后，待时机成熟再去上市。

而转让的时点则存在很多变数，有按照计划进行转让的，也有根据 AM 公司的判断而提前转让的。同时，还有可能在无法顺利完成再融资时，应贷款方以及 CMBS 投资者的要求进行转让的。

在不动产转让后，根据顺序完成还本付息以及收益分配后，管理人会对 SPC 进行清算。

转让给基金以外的投资人（含原始权益人）

有很多资产流动化型证券化案例本身就是为原始权益人回购而设

计的。当然，作为退出战略之一，转让给高净值的个人投资者也是一种选择。

再融资

再融资是指在贷款期限到期时，通过对借款的置换，偿还先期的贷款或者 CMBS 的本息。

如图 2.9 所示，再融资所发挥的作用，会因为在融资期内不动产价格的升降而产生较大差异。图中的例 A 是指在不动产价格上升时，再融资后的 *LTV* 比率因不动产价格的上升而降低，贷款方可能会因此而提高贷款的信用评级，从而降低贷款利率等。这样也会直接提高权益类投资的收益率。反之，在不动产价格下跌时，贷款方为维持一定的 *LTV* 比率，就会减少贷款金额，进而倒逼权益类投资人追加投资。

图中的例 B 就是表示权益类投资人追加投资的案例。投资额从 30 增加到 44，其中还隐含了 20 的潜在损失。例 C 则是相对复杂的再融资案例。当初的夹层融资为 10，权益类投资为 20。在不动产价格下降时，权益类投资人自然不会为已经全损的投资再追加买单，只能接受投资的全部损失而出局。而对于夹层投资人来讲，现在退出投资可以止损，但是，不动产价格在后期如果回升，也许会获得相应的收益。此时，夹层投资人如果更换投资性质，以权益投资的性质来投资 24（也就是追加投资 14），就可以维持现有的架构。这种金融手段就是债转股（debt equity swap）。

在 2008 年金融危机之后的不动产价格下跌期，由于日本市场采用了上述各种再融资方式，不动产市场才没有出现因大量房产被抛售而引起的价格暴跌的局面。

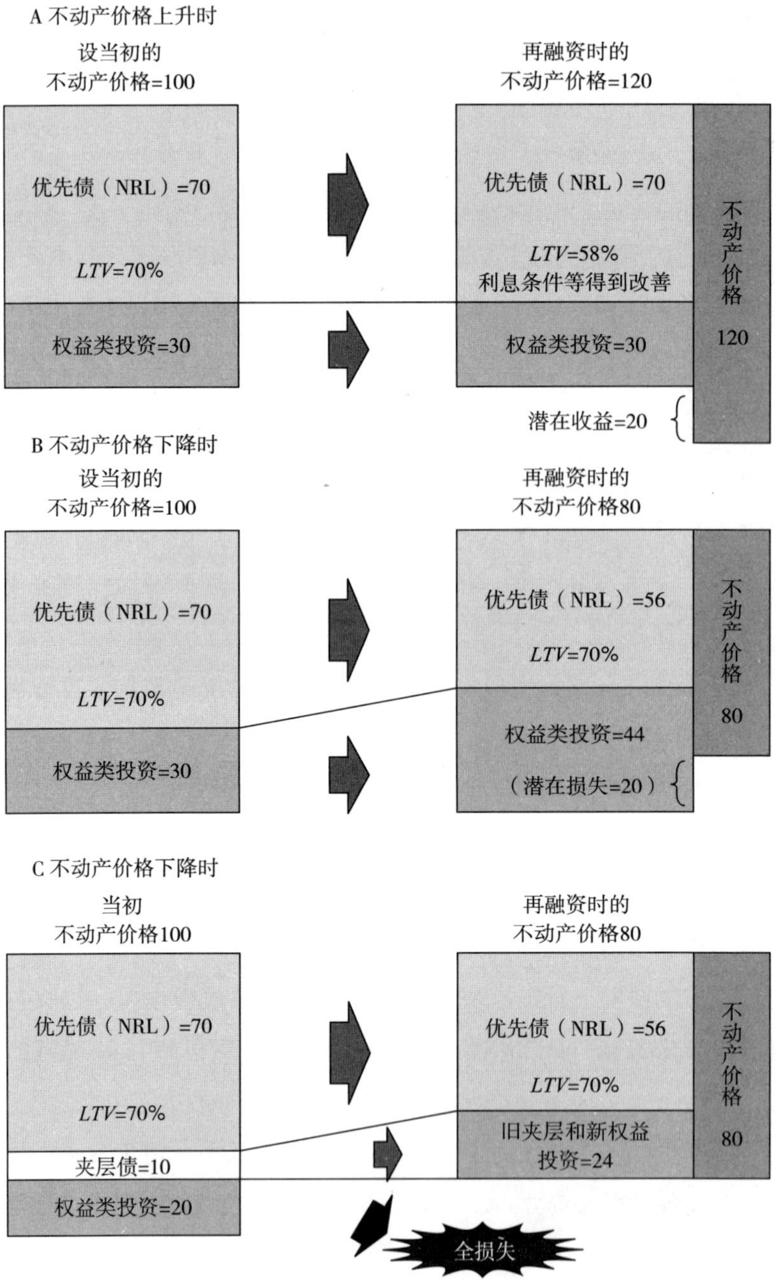
A 不动产价格上升时
设当初的
不动产价格=100
优先债（NRL）=70
LTV=70%
权益类投资=30
再融资时的
不动产价格=120
优先债（NRL）=70
LTV=58%
利息条件等得到改善
权益类投资=30
潜在收益=20
不动产价格
120
B 不动产价格下降时
设当初的
不动产价格=100
优先债（NRL）=70
LTV=70%
权益类投资=30
再融资时的
不动产价格80
优先债（NRL）=56
LTV=70%
权益类投资=44
（潜在损失=20）
不动产价格
80
C 不动产价格下降时
当初
不动产价格100
优先债（NRL）=70
LTV=70%
夹层债=10
权益类投资=20
再融资时的
不动产价格80
优先债（NRL）=56
LTV=70%
旧夹层和新权益
投资=24
不动产价格
80
全损失

图 2.9　再融资的案例

专栏　分期偿还

分期偿还是指在贷款期限内，按照一定金额定期偿还本金的支付方式。贷款期限结束时的付款金额大于每期付款金额的偿还方式叫大额尾付贷款（balloon）。到期一次性偿还债务的方式叫 bullet。由于分期偿还方式在期限内定期还本付息，在期限结束时，本金负债额就会大幅压缩，对于贷款方来讲由于可以提前回收贷款，相对于 bullet 方式可以适当降低贷款利率。

分期偿还方式虽然具有一定的优点，但是根据产品结构设计的不同，本金偿还的方式存在较大的差异，支付利息后的剩余收益可以选择偿还本金或被分配给投资人。一般来说，由于要维持权益类投资人在期限中最佳的杠杆效果，增加期中的收益分红，一般很少采用分期偿还的方式。同时需要留意的是，如果设计了分期偿还的方式，还会影响 DSCR（偿债备付率）指标的恶化。分期偿还方式如图 2.10 所示。

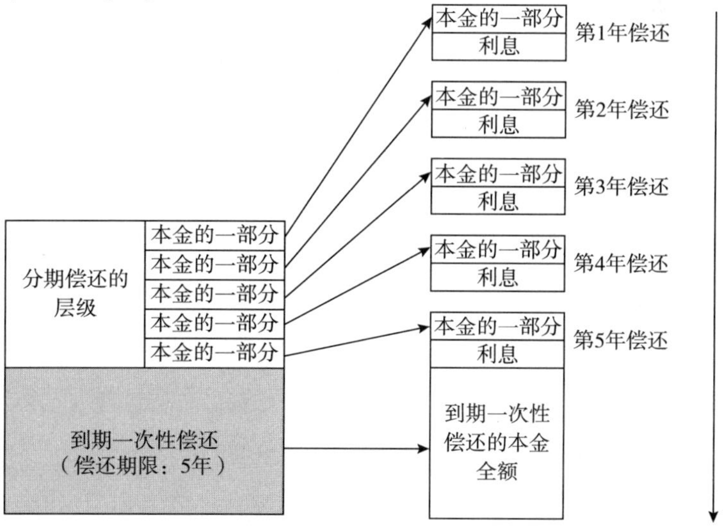

分期偿还方式的效果

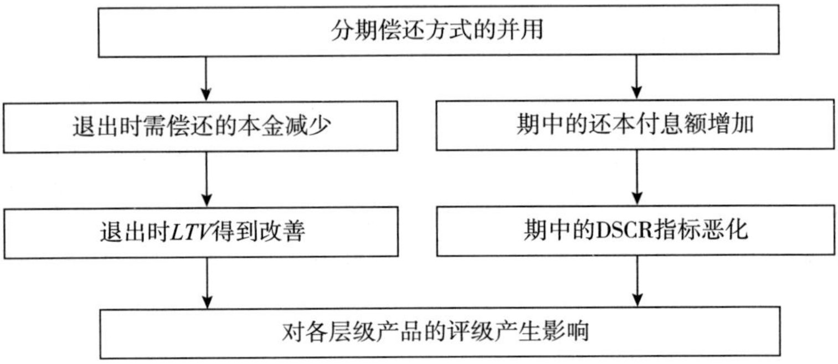

图 2.10　分期偿还方式

第三章

不动产证券化相关的技术和基础

破产隔离

如第 2 章所述，不动产证券化是将证券化的资产和原始权益人进行分离，而仅以不动产自身的价值和收益能力为基础来进行融资的。因此，从原则上来说，证券化融资是不依赖于原始权益人的信用能力的。为避免原始权益人或 SPC 的破产倒闭而影响投资人的利益，必须要达成“破产隔离”的要件，具体来说主要有以下几个方面。

第一点，原始权益人或其利益相关方即使破产倒闭，SPC 也不受影响。为此，原始权益人向 SPC 转让不动产的行为，应在法律上和会计上予以明确。换言之，SPC 必须独立存在，而不受到原始权益人的影响。

第二点，SPC 即使破产倒闭，投资者也并不承担其投资额之外的责任。因此，SPC 只能从事最初既定的不动产融资及资产处置业务，不应涉足他业。换言之，为避免投资者承担预定之外的债务，必须要限制 SPC 的业务内容，并通过相应的结构设计，以防范其被卷入预定之外的风险。

真实出售

让渡担保，是指债务人以担保为目的，暂时将其保有的资产所有权转移给债权人，以此作为债权的担保，并在债务履行完毕的同时，将资产所有权归还债务人。在不动产融资中，通常以抵押权作为贷款融资的担保方式，但也有采取让渡担保的方式。如果资产转让的目的是资产买卖，资产出售方即便破产，也基本不会对资产的购买方产生多大的影响。但如果是让渡担保，债务人（出售方）一旦破产，债权人（购买方）很可能会被卷入破产手续中。

因此，在不动产证券化中，很重要的一点是，将证券化的目标资产从原始权益人转让到 SPC 的行为不能被视作让渡担保。

而为了达成这一点，应当作为条件予以明确的是：合约当事人有交易意愿、原始权益人没有回购的义务和权利、具备对抗第三者的要件（登记）、交易价格的合理性（有不动产评估报告）等。另外，在对原始权益人在证券化产品的权益级有出资的情况下，不动产的价值一旦减损，原始权益人也会承担相应比例的风险。这种情况在法律上有可能无法被认定为真实出售，这一点要注意。

否认权、欺诈行为取消权

原始权益人（债务人）的债权人，虽然通常会在对债务人的财务状况、资产情况等进行调查后再实施融资。但是，如果债务人擅自将资产卖掉，随后就进入了破产程序，这种情况下债权人很可能无法从资产的出售中回收资金，从而使得其利益受到侵害。

针对这一点，就有了相关法律（《破产法》《公司更生法》《民事再生法》）规定的否认权和欺诈取消权（《民法》）等权利的存在。当债务人明知不动产转让会侵害到债权人的利益，或债务人已经造成债务违约，还将不动产转让出去时，债权人可以行使上述权利。如被认可，当初的不动产买卖会被否定和取消，这种结构安排也是有的。

在不动产证券化的时候，原始权益人在陷入债务违约时，如果被行使了否认权，则意味着原始权益人无法再将资产转让给 SPC。当这种风险暴露时，向 SPC 出资的投资人，或多或少都会受到损害，因此应当仔细查验，防止此类风险的发生。

具体来说，在满足前述真实出售的条件之外，要调查原始权益人的财务状况、有无欺诈的可能、资金取得后的用途等，在买卖合同里明确和保证真实出售当然是有必要的，但通常应避免那些有信用不稳定传闻的债务人成为证券化的原始权益人。

SPC 的独立性

SPC 如果是原始权益人出资设立的子公司，原始权益人破产的话，其影响往往会波及子公司。因此 SPC 应作为第三方，独立于原始权益人而存在。

另外，对 SPC 持有表决权的出资人，如果让公司从事了证券化约定范围之外的业务，SPC 会承担在预想之外的风险，特别是涉及与债务偿还相关的较大风险。因此，SPC 除了从事当初约定的不动产租赁、买卖之外，不能参与其他业务，要在结构安排上做相应限制。为了达成这个目的，需要让不动产 SPC 公司层面的表决权人无法干预 SPC 的业务。有两类可灵活运用的组织可作为满足这种条件的表决权人：一是开曼 SPC，二是一般社团法人。但目前来说，一般社团法人更为普遍。

当然，在 TMK 中也有特定出资信托这一制度。

开曼 SPC

开曼是位于加勒比海上的岛屿群（英属开曼群岛），以避税天堂而闻名。可在该地设立 SPC（开曼 SPC），并以其持有目标不动产的 SPC（国内 SPC）。虽然开曼 SPC 因对国内 SPC 有出资而享有表决权，但为确保国内 SPC 的独立性，可采用相应的方式使其不行使表决权。

在当地，如果有信托宣言制度，那么在信托公司所设立的信托期内，开曼 SPC 只被保留了形式上的表决权而已，实际不能行使任何权利。这样，就可以设立一种慈善信托，在信托到期后，即将信托财产（开曼 SPC 的资本金）向慈善机构捐赠。因为这种信托的受益人是慈善团体，就不会对开曼 SPC 行使表决权，这样也就达到了让国内 SPC 不能从事当初约定之外的事务的目的。当然，两方的 SPC 均没有原始权益人的人员派驻，而是由律师和会计师等相关人员就任，在人员方面确保了 SPC 与原始权益人的独立性。

一般社团法人

在开曼 SPC 的模式下，要向开曼的律师支付费用，还有检查英文合同等手续，这会产生一定的成本。目前较为普遍的替代模式是，将一般社团法人作为国内 SPC 的表决权人。在 2008 年 11 月 30 日之前，日本主要用的都是“有限责任中间法人”，依据的是《中间法人法》。但由于《中间法人法》后来被废止了，就采用“一般社团法人”，依据的是与一般社团法人和一般财团法人相关的法律。

一般社团法人的一个特点是，基金出资人和表决权人（社员）未必一致。利用这一点，原始权益人即便是基金的出资人，但只要不是社员，就不能享有表决权。这种形式安排也达到了破产隔离的目的。

将一般社团法人作为 SPC 的出资人的好处在于，和开曼 SPC 模式相比，其完全是个境内架构，其设立、运营成本和手续费都比较低，合同也不需要翻译成英文，还能把基金的出资者和社员区分开来，让原始权益人变为出资者，而让律师、会计师等成为社员。当然，在这里所说的律师和会计师等，是独立于原始权益人而存在的，为了证券化目的而让表决权不被行使的安排。一般社团法人实现了类似于开曼模式中慈善信托所具备的功能。

利益相反

利益相反指的是一个人担任两个不同的角色，而这两个角色所代表的利益又是相反的。在不动产基金领域，对基金和投资人忠实履行义务的主体（比如 AM 公司），如果同时要为自身或第三方（如 AM 公司的股东或交易对手）谋取利益，就有可能会发生损害投资者利益的情况，这时就产生了利益相反。

在不动产证券化过程中，类似这种形式的案例有很多，为避免或缓解利益相反的程度，也有各种各样的对策。

虽说无论是对 J-REIT 还是私募基金（我们称为 A 基金），AM 公司的目标都是通过不动产的运用管理来增加投资者的利益，但是 AM 公司也有自己的股东，也要给自己的股东分配收益。如果有 AM 公司的关联公司，或者管理的其他基金（我们称为 B 基金）对其所持有的不动产以高于市场价的水平卖给 J-REIT 或 A 基金，那么这家 AM 公司的关联公司或者 B 基金的投资人就会受益，但同时J-REIT或 A 基金的投资人的利益就会受损。

还有，在 AM 公司的业务之外，如果有 AM 公司的关联方为基金提供 PM 业务、中介业务，或者成为物业的租客等，都有可能形成利益相反的情况。

简单来说，如果 AM 公司的报酬提取比例是和基金管理规模挂钩的，那么它们就有动力去大量收购资产，而不考虑物业的品质以及收购价格的高低。这可以看作是一种内在的、有可能发生利益相反的情形。

无论是 J-REIT 还是不动产私募基金，在基金的运行过程中，总是需要基金之外的公司来承担不可或缺的相应职能，在极易产生利益相反的结构之下，出现利益相反是不可避免的。

现实的情况是，即使在这样的结构之下，还是可以通过设定各种规则来进行缓和。J-REIT 讲求的是信息公开性和透明性，在法规的细节层面，都有避免出现利益相反情况的规定（如禁止投资信托的委托人对其管理的基金进行相互交易、禁止委托人和投资法人进行交易、禁止为了谋取利害关系人的利益而损害投资法人的利益、禁止与投资法人有利害关系的投资信托委托人对其进行资产委托管理等）。

从 AM 公司的实际运用机制来看，在法令规定的事项之外，也会有很多严格的自律性规则，可见其对利益相反的回避抱有极其敏感的态度。

另外，关于 AM 公司的报酬体系，为了让 AM 公司和基金投资者的利益一致，有意识地考虑 AM 公司动机的结构设计非常重要。现实的做法是，作为 AM 公司在基金期内的管理报酬，会有基于管理规模、收入占比、*NCF*（净现金流）占比、分红占比等的体系来对应，并从中选出几项进行组合赋权。而在购买物业或出售物业时，会另算报酬，这种模式是比较多的。同时，根据投资人获得收益的多少来设定成功报酬体系的案例也不少见。

信用增进措施

在不动产的证券化中，投资者所享有的不动产现金流收益，实际上是作为其承担了相应风险的补偿。投资者对可能的预期回报做充分考量后，为将亏损风险控制在一定的范围内而运用到的一些结构安排，被称作信用增进措施。通过优先劣后的结构化设计、预留保证金等仅以目标不动产的现金流为基础而完成的结构安排，被称作内部信用增进；而以租金保证等加入了外部信用的结构安排，被称作外部信用增进。

优先劣后结构

优先劣后结构，如在第 2 章的“SPC 的资金募集（债权和权益）”部分所述，权益类和债权类作为优先顺位不同的品类，共同构建了证券化商品。通过一些有代表性的信用增进措施，可提升债权的信用水平。在金融债权的证券化中，超额担保的增信方式是比较多的，但在不动产领域则不常见，而多是以募集股权的方式来增信的。

债权类的部分，根据优先顺位的差异，可以分割为多个级别。最优先的级别，评级水平达到 AAA 或 AA 的并不少见，这主要有赖于优先劣后的作用。

通常来说，只要最优先的部分没有出现违约，是不会走到资产处置或证券化产品结束的地步的。只要不动产的现金流没有大幅度的恶化，SPC 就会持续原有的不动产租赁业务。

现金预存

在不动产项目中，即便有长期稳定的租户入驻，也有可能因暂时性的租户退租而出现一段时期的收入中断。但就算发生这种情况，也要确保负债部分的本息偿还。为此，在不动产证券化过程中，通常要做一定的现金预存准备。

不动产证券化中的预存现金，是指在一定期间内，用于维持 SPC 和不动产运营所需的成本、偿还优先级债务本息的现金准备，其也为租客退租时能够及时返还押金、保证金，或预期有大规模修缮支出时做必要的资金支付。

那么现金准备要到什么程度才合适呢？是在一开始就定个金额，还是在证券化过程中一步步累积？这和资金出借人的要求以及希望达到什么样的评级有关。

在日本的不动产租赁业务中，按一般的惯例都有押金和保证金，尤其是商铺和办公楼，这个数额是比较大的。所以在证券化开始时，要想方设法以尽量少的现金准备维持高信用能力。

租金保证

如果是东京市中心的办公楼，市场化程度高，即便发生了空置，也很容易招到新租户，租金保证的用处倒也不是很大。如果是郊区的购物中心，能和核心租户签订长期租约，或者物业在竣工前就有包租商会承诺一定水准的租金保证，那么即便出现空置，现金流减少的风险就会降低很多。这些核心租户、包租商的信用力如果够强，合约就具有提高债权信用力的作用。

但是，需要注意的是，如果业主和租户之间的租金保证体系过于明显，从会计角度来看，该不动产有可能会被并入租户的资产负债表中。

避免双重课税

所谓不动产证券化的双重课税，指的是在持有不动产的投资载体（SPC 或投资法人）的层面，已经缴纳了企业所得税，而课税后的收益作为红利再分配给证券化投资人时，投资人层面的红利收入还要缴纳所得税。如果存在双重课税，证券化投资人的税后收益会大幅度减少，因此在不动产证券化产品的设计中，如何通过制度安排来避免双重课税是个重要问题。

在投资人直接投资不动产并持有出租的模式下，不会产生双重课税的问题，持有不动产信托受益权也是如此。在投资人购买的是上市公司股票时，因为在上市公司层面支付了企业所得税，投资人如果是公司，其分红收益可不计入课税所得，投资人如果是个人的话，也适用相关的分红收益扣除规则，这些措施都是为了减轻双重课税的影响。

在不动产证券化中，按前述模式，为了让证券化投资和直接不动产投资的税负保持在相近的水平，通常会在投资载体的层面设计架构，以避免交纳企业所得税。

GK-TK

为使得在投资载体层面不课税，而只在投资人层面计入收益（投资载体的导管性特征），在日本有信托、任意组合、TK 等制度安排。

不动产信托受益权分割为优先级和劣后级的话，在课税操作上多少会有些不透明。而任意组合中的成员承担的是无限责任，这对于一个投资载体来说也不合适。所以，要运用专门的 TK 与 GK SPC 或 KK SPC 进行搭配，来作为避免双重课税的手段。

不动产证券化中的 TK 特征如下：SPC 的业务范围只能与证券化的目的一致，其不能从事其他业务。税务上，在 TK 的形态之下，SPC 的损益有一部分应计入 TK 成员的损益中，由此对 TK 成员进行了课税，这部分可从 SPC 的损益中予以扣除。

TK 的业务中产生的收益，如果全部计入 TK 成员中，作为 SPC 来说这部分是算作损失的，抵销了收益项，从结果上来说，SPC 没有被课税，因此实现了双重课税的避免。

在 TK 的合约中，组合成员的课税收益（或损失）和分红收入可根据需求设定，有一定灵活度。组合成员可只获取其设定的收益标准以上的分配，低于该收益的部分就不分配，这可通过签订诸如此类的 TK 合同来实现。

比如说，在不动产的租赁业务中，一般都会有计提折旧，从税务上来说应当计损，但并没有与之对应的现金流出。因此，如果把相当于计提折旧部分的金额分配给组合成员，TK 获得的分红收益就比课税收益多了一部分。如果将计提折旧和物业出租的收益中的一部分优先偿还了银行贷款的本息，那么用于偿还本息的收益部分会使得 TK 获得的分红收益比课税收益少。

这种灵活性，也是与后述 TMK 和投资法人（J-REIT）相比，较为不同的地方。

虽然有限责任公司也可以作为 SPC 来使用，但随着 2006 年 5 月日本新《公司法》的施行，有限责任公司已无法新设。所以，利用 TK 契约的 GK-TK 结构，在证券化中被广为施用。

TMK

TMK 在原则上也是要被课取企业所得税的，但满足一定条件的话，可以把红利分配作为亏损来计入，以此来避免双重课税。分红计入亏损，指的是在 TMK 中，如要对证券投资人进行分红，则课税收益仅为总收益中扣除掉红利支付后的剩余部分。如果 TMK 把所有的收益都分掉，TMK 就没有了课税所得，即避免了双重征税。但在这种制度安排下，就不再对投资人层面的收益或红利予以课税扣减了。

在 TMK 中，要让分红计入亏损取得认可，其发行的特定公司债和优先级证券要满足一定条件，如要求目标主体对经营年度的可分配收入的 90% 以上进行分红等。

投资法人（J-REIT）

投资法人的双重避税结构与 TMK 类似。投资法人在原则上也要课税，但是满足一定要件的话，分红可作为亏损计入，但不再对投资者层面进行收益或红利的课税扣减，这一点和 TMK 是一样的。

J-REIT 是作为上市模式而创设的制度，为了使得分红计入亏损，要满足以下条件：在年度末要有 50 人以上的投资者或者只有在税法上认定的机构投资者；在年度末的时候，不能与机构投资者成为关联公司；对其他公司的股权持有或出资不能超过 50%（海外不动产投资相关的情况除外）等。

其实，J-REIT 能将分红计入亏损的最重要的条件，还是将可分配收入的 90% 进行分红。这里所谓的“可分配收入”，是以当期的税前净收益为基础，再根据税法而采取一定计算方法得出的，但这有可能与会计上的以税后收益为基础算出的“利润分配”不一致。这叫作“税会不一致问题”。这个差别大的话，税费成本就会大幅压缩税后收益，就会导致对利润的分配低于可分配收益的 90%，这就产生了分红计损的要件不能满足的状况。

过去设定了可分配收入的 90% 要予以分配，但企业在会计上的经费和实际应付的有差异，致使税务上认可的亏损不能算入（利润扣减）的部分较大的话，就要担心不能满足分红亏损的算入要件。后来人们对此进行了修正，这种差异相较于之前有了缓解和消除。但是在 J-REIT 合并的时候，如果有正商誉产生，还是会有比较大的差异的，因此，有很多希望进一步改进制度的呼声出现。

不动产信托

所谓信托，是指委托人将财产（即信托财产，此处指证券化的目标不动产）移转给受托人并交由其处理（信托让渡），受托人按相应的目标对该信托财产进行管理或处置的制度。在这里，财产管理或处置所得的本金及收益由受益人来获取，在不动产证券化中，最初的委托人即是受益人。

要点在于，所有权已然向信托受托人转移，如证券化的目标不动产为租赁运营型物业，则租户所对应的业主也被替换为受托人。租赁运营型不动产的信托在设立、施行后，受托人应将出租收入扣除房产税、管理费、信托报酬等的净收益后全部分配给受益人。目标资产出售时，受托人应将销售金额扣除各种成本后的余额后全部分配给受益人。

不动产的管理和处置，理应由不动产的所有者来行使。不动产信托，就是不动产信托受托人自身取代所有者的地位并代为行使权利的制度安排。不动产的最初所有者不再持有实物不动产，获取的是不动产信托受益权，而这和持有实物不动产的经济效果几乎是相同的。另外，在不动产证券化中，PM 的具体实务由 PM 公司来执行，而信托的受托人则多为代表物业所有人的角色。不动产信托的结构如图 3.1 所示。

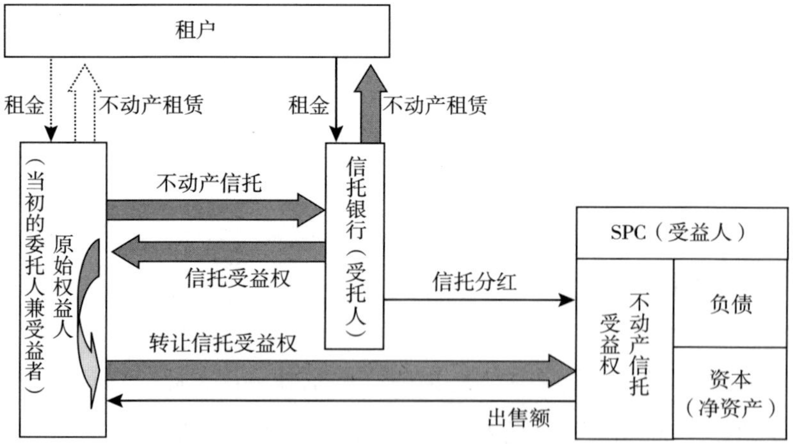

图 3.1　不动产信托

在不动产证券化中，原始权益人和SPC之间的资产交易，很多是以信托受益权的形态来体现的。为什么呢？那我们就介绍一下不动产信托受益权的功用吧。

第一，和原始权益人直接将资产转移到SPC的模式相比，运用不动产信托的模式，不动产交易环节的成本是可以降低的，这是一个优势。

在不动产的受让人是TMK或投资法人的情况下，不动产交易税（不动产取得税、登录免许税）等虽有减免优惠，但通过信托受益权进行交易的方式，成本有可能会更低。不同点在于，不动产的转让是所有权（物权）的转让，而与此相对的是，信托受益权的出让是债权的转移。

以GK和KK形态的SPC实施证券化的时候，这个差别就更大了。

还有一点，因为不动产的交易税是在不动产转让的时候发生的，所以相对于那些计划长期持有物业的投资法人，一些在将来主要还是想进行资产出售的SPC，会较多地运用信托模式。

第二，如果SPC的形态采用的是KK或GK，则必须要使用信托。在KK或GK之下，如果不是采用信托受益权模式，而是以实物不动产的收益形式分配给投资者，其适用的法律是《不特法》。在此情形下，业务载体的SPC作为“不动产特定共同事业者”，必须要取得从业许可，要满足从事宅地建筑物行业的严苛要求，如资本金不低于1亿日元等。但是，以信托受益权形式将原资产收益进行分配的话，就可以不必遵循《不特法》，也就无须取得其法令约定的从业许可。

第三，信托受托人所行使的职能，可使证券化的目标不动产更为安全地运行或交易。

首先，作为信托受托人的信托银行，将不动产从原始权益人处受托之时，要调查的不仅包括建筑的合法性和有害物质的使用情况，还有相关的权利关系及证券化的目的等方面。在证券化的前端进行受托审查，可降低证券化相关参与方遭受不测损害的风险，这也是信托的优势所在。

所以，在信托期间内，在信托银行成为不动产的所有者后，通过与 AM 公司签订合约来对物业进行管理，包括对不动产的 AM 和 PM 等。这些在证券化期间内的管理机能，其优势在于可以使不动产较为稳定地运作。

最终，在因投资人或债权人等原因进行资产处置和资金变现时，信托银行在不动产交易中的中介业务经长期培育而具备的能力，可使其作为卖方从容地对不动产进行处置。因此，这种证券化后端的资产处置功能，也有助于提高信托的信赖度。

评级

所谓评级，是对债券或贷款按约定本息兑付的可能性高低的排序。信用评级由评级机构来施行，以 AAA 或 BBB 等记号表示。评级越高，债券或贷款的利率越低。反之，评级越低，则利率越高。很多时候，债务融资是必须要做评级的。

SPC 里没有从业人员，其业务范围也是限定的。而且，SPC 持有的资产几乎都是不动产，并预期将以接近第三方机构出具的不动产评估值的价格进行出售。因为具备了这些特征，SPC 债务履行的确定性，可以基于不动产收益能力的确定性及将来的交易价值的确定性来进行判别。因此，CMBS① 和不动产的 NRL 的评级，会以 *LTV*②、DSCR③ 等为基准来评判。

---

① 参照第 2 章的“CMBS”部分。

② 参照第 9 章的“*LTV*”部分。

③ 参照第 9 章的“*DSCR*”部分。

J-REIT 和 SPC 具有同样的特点，但是其资产组合常有变化，是一种债务和权益实时变化的基金，对此类评级要以结构化融资的评级和企业评级两种角度来看待，而且发起人（sponsor）的支持力度和信用能力也可能会在一定程度上对 J-REIT 的评级有影响。

CMBS 的评级基于偿付的优先劣后顺序而有较大的差异，但也有很多 J-REIT 因其具有稳健的财务状况而获得高评级。

主要的评级机构有 R&I（日本评级投资信息中心）、JCR（日本评级投资研究所）、穆迪、S&P（标准普尔）等。

尽职调查

在进行不动产投资时，买家会将目标不动产在未来预期产生的现金流和将来退出时的出售价格，折现为当前的不动产价格，并以此为基础和卖家进行谈判和报价。最后达成的成交价格，会极大地影响不动产投资的最终业绩。因此，进行投资判断的 AM 公司在确定价格时应足够慎重。做出投资与否的判断并向卖方报出价格的大前提在于，要把握会影响标的不动产价格的诸多因素及详细信息，因此要对目标不动产进行多角度的调查，即“尽职调查”。

尽职调查起源于美国，在发行证券时，从保护投资人的角度出发，需要律师来确认招股说明书等信息是否达到了法律上的公开标准。

美国式的尽职调查所确立的买方的自我责任，对投资人来说当然是不可或缺的工作。与此相对的是，在日本，即便在交易完成后，也要求卖方对瑕疵负有担保责任，因而没有发展出类似美国式的制度。

但是，泡沫经济崩溃后，随着海外投资者的进入，日本的不动产市场的投资者结构发生了极大变化，准确评估不动产投资的风险及进行详尽信息披露的必要性开始提高。由此，尽职调查快速发展了起来。而且，尽职调查不仅被用于投资性不动产的交易中，在企业并购和项目融资过程中，进行详尽且多维度的调查也渐成规制。

在日本的不动产交易中，如有宅地建筑物交易的从业者参与，买方可获得重要事项的说明书。但是重要事项说明书的内容仅为法规所限定的内容，即便有专业不动产人员的调查，也未必能针对拟交易不动产的种类进行详尽调查。特别是对欧美投资者来说，与在本国做不动产投资一样，要对日本的不动产交易形式、权利关系、各种规则、市场动向等进行详细的尽职调查，以此为不可或缺之前提，方可做出投资决策。

不动产交易中的尽职调查，是对未来可能影响现金流的项目进行调查，一般包括以下几个方面：不动产状况调查、环境调查、法律调查、经济调查等（见表 3. 1）。

不动产交易所涉及的尽职调查，既有广泛度又有专业性，因此需要同不动产评估师、建筑师、律师、注册会计师、税务师、环境顾问等合作推进。上述这些调查，对作为投资人的买方来说自然需要，而从资产出售方来说，为了满足交易信息披露要求或不动产证券化的评级等目的，有时也会来实施这些调查。

表 3. 1　尽职调查的项目清单

调查项目		调查内容
不动产状况调查		
土地状况调查	位置、土地面积等、边界、埋藏物、地质地况	登记簿、图纸等调查 边界确定的情况、有无纷争、有无越界物件及其状况、解决纷争和修正越界的方法及期间和费用等 埋藏的文物等 地况的强度、土质、沿革等

续表

调查项目	调查内容	
建筑物状况调查	建筑、设备、样式、合法性、修缮及更新费用、耐震性与PML（可能最大损失）[①]、管理情况、重置价格	建筑年限、结构、规模、可租面积、形状、平面布局、设施及规格、图案、设计和施工方等 《城市规划法》、《建筑基准法》、各种条例、消防法规等的遵守情况 修缮状况调查、短期修缮费用（紧急的或一年内的修缮）、长期修缮费用（12～15年程度的修缮）的估算 是否符合最新的耐震标准、地震风险分析及PML值、营业中断期间估算 建筑管理状况是否良好、管理规约的有无及内容、管理公司的资质和信用等 现在要重置该建筑物所需的建安费用
环境调查	石棉等、土壤及地下水污染等、对周边环境的影响	石棉、氟利昂、PCB（多氯联苯）等有害物质的含有情况，重金属、有机氯化物及其对土壤和水的污染情况。要注意化学工业、金属制造业、洗涤业等 对周边的日照、电波危害等的影响
法律调查	权利关系、租约关系、占有关系、买卖合同	调查登记簿记载的所有权、抵押权。对共有、分别所有、借地物业等权利关系复杂的物业更要慎重调查 租约形态、租约内容、租金、租期等 占有情况 检查买卖合同等各种合约文件
经济调查		
租户调查	个别租户、租户的构成	业种、信用情况、租金支付情况、租赁目的、出租率和租金趋势、租约形态、租约内容、有无续租等 业种、租户数、各租户的占比、分布比例等
市场调查	一般性因素、地域因素、市场动向、个别因素（区位特性）	影响不动产市场的经济状况 商圈分析、产业结构分析等 周边的市场租金、出租率、竞品、发展规划、租户的供需情况 街道状况、交通状况、设施配套、周边土地使用情况、日照、眺望、景观、区域的评价、知名度等

续表

调查项目		调查内容
收益调查	租赁收入、运营支出及其他	历史出租率、租金变化及未来预测、合理租金、招租的竞争优势等 租约的水平、租约体系及其更新的可能性 和修缮合同比较的修缮费用实际计提情况 过去的费用水平、与费用相关的合约体系及其更新的可能性、合理的费用水准、预想到的未来费用负担、资产在将来出售时的竞争优势等

注①：参见第 3 章“PML”部分。

资料来源：一般社团法人不动产证券化协会《2013 年不动产证券化手册》。

专栏　工程报告

不动产的收益性虽然与管理运营能力有关，但很大程度上也会受到基础条件，即不动产的物理性能的影响。工程报告针对的是在物理条件方面的不动产状况的调查，建筑师以第三方的立场来评估目标不动产并完成报告。

调查方法包括对设计图纸和工程日志等文件进行调查，还有通过目测、探查、试运转等进行现场调查，以及与业主和管理者进行访谈等方式。工程报告的内容虽然多样，但一般来说可归结为以下 4 点：

1. 建筑状况调查。

目标不动产（建筑物）的合法性和老化情况，对使用的安全风险进行评估，并对维持建筑物性能所需的修缮更新费用进行计算。

2. 建筑物环境风险的评价。

对石棉的使用情况、PCB 的保管情况等有所把握，对环境风险及合法性进行评估。

3. 土地污染风险的评估。

以公开信息和业主提供的资料为基础，对土地污染超标的可能性进行评估。

4. 地震风险。

以统计学方法来预测和定量化分析地震损失风险。

专栏 PML

在工程尽调的地震风险评估中，PML 作为把控建筑物地震损失风险的指标而广为人知。这个指标是这样定义的：在 50 年内，按 10% 的概率（观察期是 475 年）计测，发生一定程度的大地震时，按建筑物的预期最大损失率计算出的损失额，占该建筑物的重置价格的比率。

这个值越小，说明建筑物的耐震性越强。PML 值是基于建筑物固有结构的耐震性指标及其所在区域的地震环境，在摇摆度（地震风险度）预测的基础上，由调查公司根据其自主设定的系统计算而出的。

比如说，“城区里某个 100 亿日元的建筑物的 PML 是 15%”是什么意思呢？这指的是如果近于 6 的震度发生，为修复该受损的建筑物所需的费用，有 90% 的概率不会超过 15 亿日元（100 亿元 ×15%）的意思（或者说超过 15 亿元的概率是 10%）。

以 1981 年实施的修正后的《建筑基准法》为基准设计的建筑物，PML 在 10% ~20% 的程度比较普遍，而之前的以旧基准设计的建筑的 PML 值往往超过 20%（参见一般社团法人日本建筑构造技术协会网站主页）。在不动产证券化中，PML 超过 20% 的话，评级就会降低，人们就会探讨做耐震补强工程或买地震保险等方式。

不动产评估

不动产评估的 3 种方法

对不动产投资或证券化而言，无论如何，确定合理价格都是很重要的。不动产和上市公司的股票还不一样，没有一个可以进行集中交易的公开市场。另外，不动产作为商品的个别性很强，交易中的急于出售或买入等个别性事件时有发生。

因为不动产作为商品有其特殊性，为了揭示不动产的合理价格，往往需要不动产评估师这样的专家来对其进行评估。

具体来说，SPC 和投资法人在购买或出售物业的时候，评估机构的资产评估环节是有必要的。

不动产评估要遵循《不动产评估基准》（简称《基准》）。《基准》中已写明，不动产评估方法主要分为成本法、市场比较法和收益还原法这 3 种评估方法。这些方法在判定一般性物业的价格时的尺度标准是一致的。具体来说，成本法是着眼于建造（或重置）该不动产所需的成本费用的评估方法；而市场比较法对目标不动产和与其类似的交易案例进行比较，是以市场性为出发点的评估方法；收益还原法则着眼于目标资产未来的收益，是以收益性为出发点的评估方法。从原则上来说，《基准》是要求综合使用这 3 种方法的。

只是在不动产证券化或不动产投资中，投资判断是以目标不动产所产生的现金流为基础的，因此，与非投资性不动产的评估相比，人们对收益还原法得出的价格更为重视。

收益还原法

在不动产证券化普遍化之前，日本的不动产交易，限定参与方的相对交易占了大半。不动产买家与其说是在投资，其实更多的是以自用为主，他们以土地作为价值的重点来进行投资判断，因此，人们在上述 3 种方法中主要使用市场比较法。

但是，随着证券化的开展，不仅仅是土地，已建成的房屋建筑，也就是可产生收益的复合型不动产（土地及建筑物所共同构成的不动产）的交易也多起来了。泡沫经济崩溃之后，日本引入了外资企业的投资思维，即以复合型不动产的现金流和资本化率（capitalization rate）做投资判断，当这种思维在投资性不动产市场普及后，作为不动产评估方法的收益还原法被广泛使用。

为适应不动产证券化的发展，《基准》在 2003 年 1 月 1 日进行了修订。修订最大的地方在于将收益还原法中的 DCF（折现现金流）法引入进来。在原来的《基准》里，收益还原法中只有直接还原法这一种方法。但在此之后，DCF 法作为投资性不动产的评估方法被普遍运用，在《基准》的收益还原法中占有了一席之地。

直接还原法和 DCF 法的大致介绍如下。

直接还原法

直接还原法，是用一个标准期间净收益除以资本化率而求得价格，基本公式如下所示：

基本式：$P = a/R$

P：不动产的收益性价格
a：一个期间的净收益
R：还原利率（资本化率）

DCF 法

DCF 法是指用连续多个期间内的净收益与退出价格（保有期间结束时的预期出售价格）除以折现率，得出各期间对应的现在价值，并将其合计求得现在价值的方法。基本公式如下所示：

$$P = \sum_{k=1}^{n} \frac{a_k}{(1+r)^k} + \frac{\text{出售价格}}{(1+r)^n}$$

P：不动产的收益性价格

a_k：每期净收益

r：折现率

n：保有期数

直接还原法是用“标准 1 年期净收益”除以资本化率来还原其价值。此处的“标准 1 年期净收益”是值得关注的点。比如说，净收益是用“收入 - 支出”而得出的，计算收入的时候，如果租金现状和市场租金有背离，不是以租金水平现状为测算依据的，而是以市场租金作为收入计算的基础的。

另外，在确定直接还原法中的资本化率时，需要综合考虑影响未来收益的变动因素及其所带来的不确定性。

与此相对，DCF 法的净收益测算基于实际的投资期间或在高精度的收益可测期间内，以租赁条件的现状为基础来制作现金流测算表。因此，租金的变动在现金流测算表里已然明示，与直接还原法相比，DCF 法对将来的预测更为详细。关于 DCF 法的详细内容，在第 9 章“理解不动产投资的判断指标”里有详细说明。

虽然直接还原法和 DCF 是分别使用的，但《基准》里做了如下说明：

1. 不动产证券化相关的估价，在对每期的净收益预测进行详细说明的情况下，原则上要使用 DCF 法。

2. 不动产证券化和 J-REIT 等在获取资产时，在向投资者表明其投资测算价值的情况下，必须使用 DCF 法。

上述两种情况用直接还原法作为检验手段，都是适合的。

收益还原法的问题点

直接还原法是用一个标准化的期间净收益来还原现在价值的简便方法，但是使净收益的变动因素在资本化率中体现是非常困难的。

与此相对的 DCF 法，从每期列明的详细收支预测出发，在价格中反映收益的变动因素是比较容易的。但是，收支预测的精确度、折现率的取值会给收益价格带来很大影响，这依然是无法回避的，和直接还原法面对的困难是一样的。

随着信息公开化的推进，基于 J-REIT 所进行的不动产交易而得出的资本化率数据也随之积累。这些数据的积累，有助于更为精准地把握投资测算价值。

第四章

不动产基金的动向之一：私募基金

私募基金概要

私募基金

通过前几章所阐述的证券化方式，向投资人募集资金，用于不动产投资的基金，被称为不动产基金。其中，募集的投资者仅限于少数机构投资人的不动产基金，又被称为私募基金。

私募基金与第5章所述的J-REIT相比，在基金的运营期限、权益的流动性和借款比例等方面具有以下特点。

运营期限

J-REIT通常以长期持续的运营为前提，但是私募基金往往在初始就设定了固定的基金运营期限（例如5年），并预设了在经营期间内，将全部物业出售，运营期限届满解散的情形。

权益的流动性

J-REIT可以在证券交易市场随时出售，将投资份额转换成现金。但是私募基金在运营期内，如需出售手中的权益份额（TK的出资份额等），只能采用非公开市场交易的方式，所以流动性相对较低。

LTV

J-REIT考虑到将来可能要获取新物业等原因，有很多在运作时会设定*LTV*的上限。但是私募基金为了扩大权益的回报，和J-REIT

相比，多数私募基金通常会提高 *LTV*，采用高杠杆的运作方式。

信息公示

J-REIT 不针对特定投资人，而是面向一般投资人公开募集不动产基金，因此法律规定了 J-REIT 的信息公示规则，基金信息通常都会在基金公司的网站主页予以公示。但是，私募基金因仅针对少数机构投资人，信息公开的规定比较宽松，基本上要求对相关人公开即可。

私募基金投资的主要资金方

前文阐述了私募基金是面向少数机构投资人募集的不动产基金，我们再具体看看投资私募基金的主要资金方有哪些。

私募基金的典型投资人有：企业年金基金、人寿保险公司、财产保险公司、金融机构等机构投资人。不仅是在日本，即使是北美、欧洲、亚太地区等海外的机构投资人也可以投资日本的私募基金。

另外，以不动产公司为主的事业法人、个人投资者的资金也是私募基金投资来源的一部分，虽然比例极低，但这一部分同样不仅限于国内，也有从海外流入的资金。

同时，主权基金（sovereign wealth fund）也是私募基金的重要资金方之一。主权基金是指国家将丰富的石油和天然气等的能源收入、外汇准备金等国家资产作为原始资本进行对外投资的基金。主权基金中的资金也会有部分流入不动产领域。具有代表性的主权基金有阿拉伯联合酋长国阿布扎比投资局（ADIA）、中国投资有限责任公司（CIC）、新加坡政府投资公司（GIC）等。

图 4.1 所表示的是，以一般社团法人不动产证券化协会的会员企业为对象进行的会员企业不动产私募基金实际情况调查，截至 2012

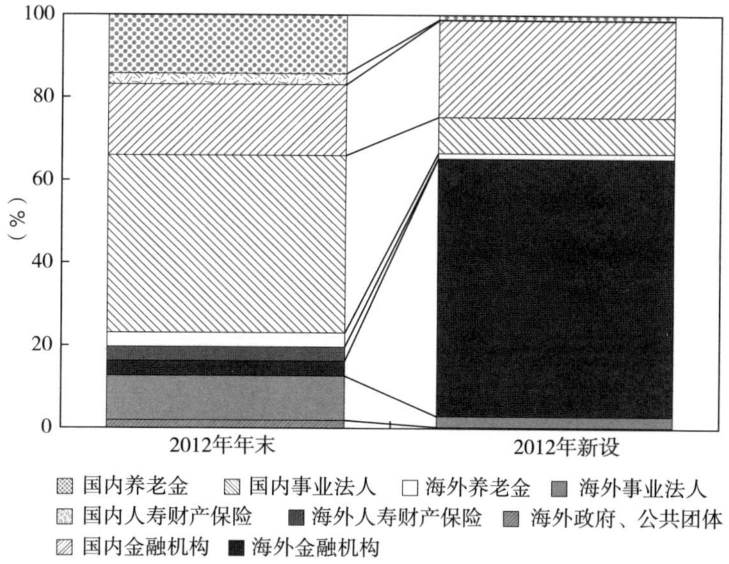

图 4.1　权益投资人的属性（截至 2012 年年末的存量和 2012 年新设基金，均以金额为基准）

资料来源：一般社团法人不动产证券化协会"第 8 次会员不动产私募基金的实际情况调查（截至 2012 年年末）"。

年年末各类型投资者所持的存量基金权益份额以及当年新设基金权益份额的对比图。截至 2012 年年末，存量基金的构成是 3/4 的国内资金与 1/4 的海外资金，但是 2012 年新设基金则由 2/3 的海外资金与 1/3 的国内资金组成。

私募基金持有的不动产的特点

据前述的一般社团法人不动产证券化协会的"会员企业不动产私募基金实际情况调查"，截至 2012 年年末，私募基金的市场规模约为 10.5 万亿日元。那么，何种类型的不动产适合私募基金持有和运营呢？根据上述调查结果，我们从私募基金持有的不动产的特点，即物业用途和所在地等予以探讨。

物业用途

图 4.2 是以用途区分的私募基金持有不动产的数量和资金额的分布图。截至 2012 年年末，资金额分布图中接近 60% 为办公楼、20% 为商业设施、12% 为住宅，然后是物流设施和酒店。

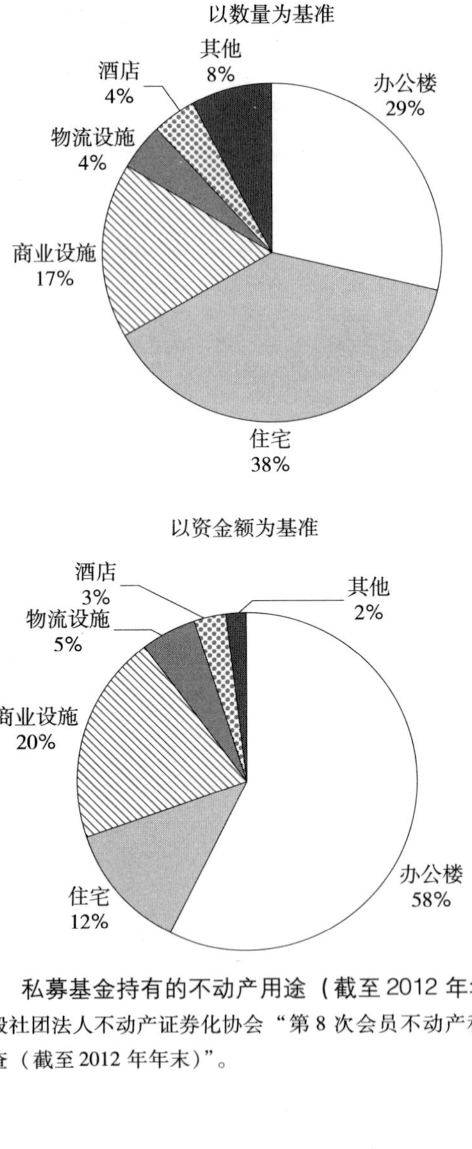

图 4.2　私募基金持有的不动产用途（截至 2012 年年末）

资料来源：一般社团法人不动产证券化协会“第 8 次会员不动产私募基金实际情况调查（截至 2012 年年末）”。

与第5章中同样以用途区分的J-REIT持有不动产的图表相比，[①] J-REIT在2013年6月末的办公楼占比为50%、商业设施占比为9%、住宅占比为18%、物流设施占比为10%、酒店占比为3%，除住宅和物流设施的比例稍高于私募基金外，基本没有太大差别。

所在地

如图4.3所示，截至2012年年末，以所在地来区分的私募基金持有不动产数量和资金额分布图所示，占比较大的前3位分别是：东京23区（物业数量占比为48%，资金额占比为66%）、关东地区（物业数量占比和资金额占比均为16%）和近畿地区（物业数量占比为15%，资金额占比为9%）。

私募基金与第5章中以所在地来区分的J-REIT持有不动产相比，[②] 基本没有太大差别，J-REIT对东京23区、首都圈、关西圈的物业投资占比较高。

以数量为基准

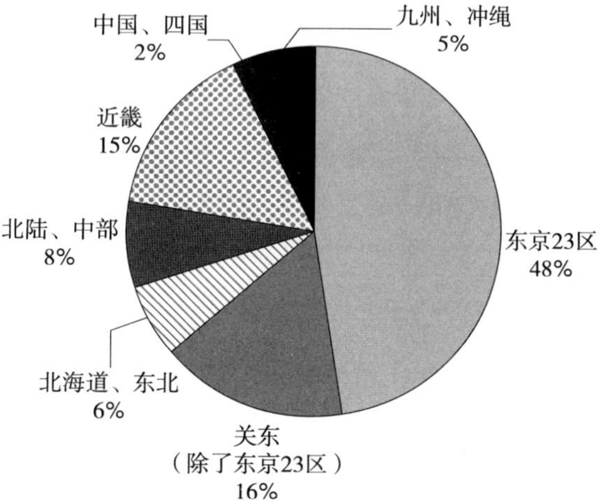

① 参照第5章中的“J-REIT的投资特征（用途、区域、各产品投资规模）”部分。

② 参照第5章的图5.9。

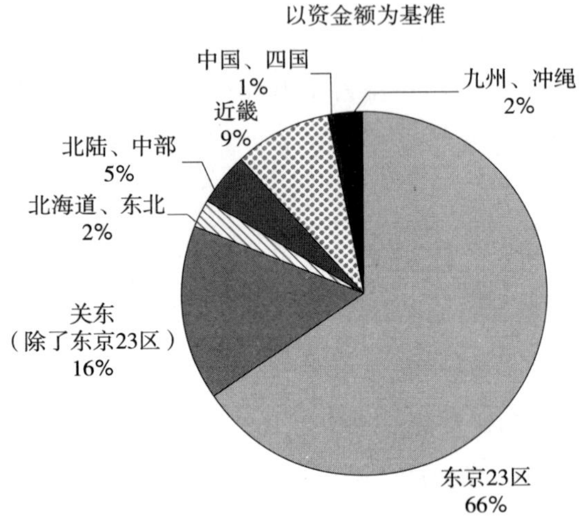

图 4.3　私募基金持有的不动产的所在地（截至 2012 年年末）

资料来源：一般社团法人不动产证券化协会“第 8 次会员不动产私募基金实际情况调查（截至 2012 年年末）”。

私募基金的结构

SPC 的概念和类别，已经在本书的第 2 章第 5 节“为证券化而特别设立的工具：SPC”中予以阐述，本节主要通过各种模式的介绍来探讨私募基金的结构和设立流程。

GK-TK 模式

第一种是以 GK 和 TK 相结合的 GK-TK 模式。GK-TK 架构如图 4.4 所示。该模式的方案流程如下：

1. 由安排人（通常由 AM 公司兼任）来募集投资人（TK 成员），并对 TK 资金分配的条件等进行调整和磋商，以及归集投资人的资金（TK 出资）。

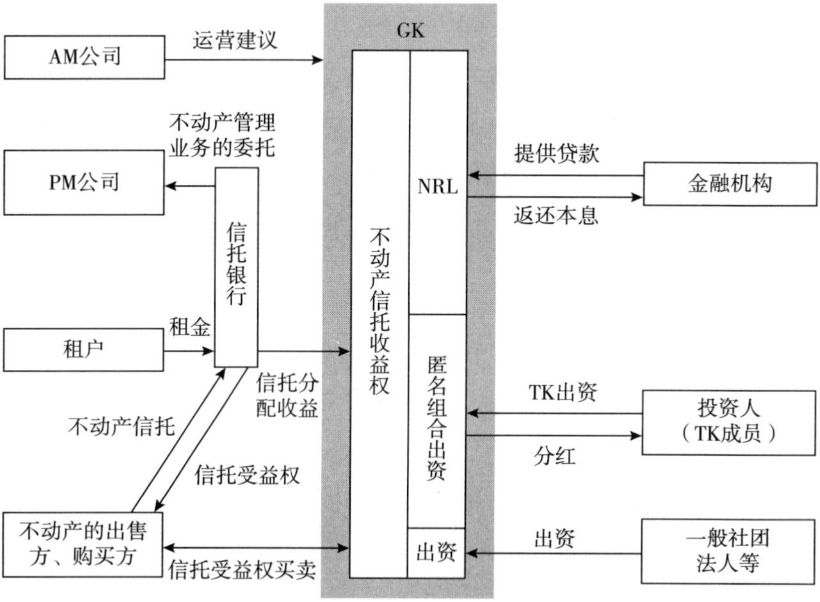

图 4.4　GK-TK 架构

2. 安排贷款的提供方（金融机构），并对 NRL 的贷款利率和偿还条件予以调整等。

3. SPC 以通过上述两个步骤募集的资金（TK 出资和 NRL），购买由资产的出售人委托给信托受托人（信托银行等）的不动产信托受益权。

4. 根据需要，AM 公司通过 SPC 或信托受托人（信托银行等）选定 PM 公司。

5. SPC 将租户支付的租金扣除各种费用后，作为证券化产品的分配基础，先偿付 NRL 的利息，以及提取必要的准备金后，分配给各投资人（TK 成员）。

下一节中所阐述的追加购买型和全权委托型基金，可以通过追加获取的方式购买优质物业。此时依据约定，投资人（TK 成员）将追加出资，或者由金融机构追加贷款。

6. 预设的运营期限届满时，SPC 将持有的不动产信托受益权予以处分（或信托受托人将不动产处分后作为待分配权益），该处分金额（或待分配权益）扣除各项费用后的金额，先用于偿还 NRL，剩余部分分配给各投资人（TK 组合）。根据投资人的要求或市场环境，也可以不处分不动产而采用再融资（更换 NRL）的方式。

此种模式下 GK 获得的资产不是不动产实物，而是不动产信托受益权。

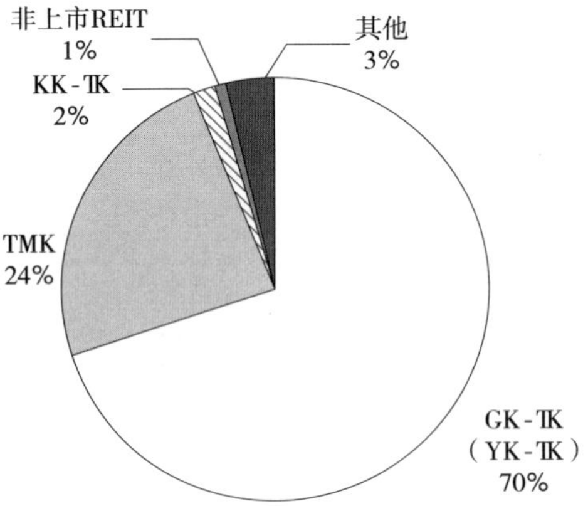

图 4.5　基金以架构分类的占比

注：YK-TK（有限公司 + 匿名组合）是直到 2006 年 5 月《公司法》施行之前都被高效利用的证券化架构。

资料来源：一般社团法人不动产证券化协会“第 8 次会员不动产私募基金实际情况调查（截至 2012 年年末）”。

如果在此模式下采用的是不动产实物的投资方式，则须按照《不特法》的规定（如第 3 章所述），GK 需要具有宅地建筑物业许可证，注册资本金 1 亿日元以上等条件，然而此模式中的 GK 仅是为了证券化目的设立的载体，实际几乎不可能具备上述条件。因此，通过将目标不动产转化为信托受益权，可规避《不特法》的适用，从而提高产品设立的自由度。

取得资产为不动产信托受益权的，如第 3 章第 5 节“不动产信托”所述，有如下优点：

● 无须缴纳不动产取得税，登录免许税也可以根据信托登记金额予以减少。

● 可以灵活运用信托银行作为受托人的 AM 等各种功能。

基于产品设计较灵活等理由，如图 4.5 所示的模式是私募基金中最常用的。

TMK 模式

第二种是利用《SPC 法》规定的 TMK 模式。

TMK 是指为从事不动产等特定资产的流动化业务而设立的特殊公司。TMK 通过发行资产支持证券（特定公司债券、优先出资权等）或特定借款等获取资金，购买特定资产，并从特定资产中获得租金收益、出售收益等可分配的收益，来偿还融资方的贷款本息并分配给各投资方。该模式的运作见图 4.6。该图虽然是以取得不动产信托受益权为例说明的，但是 TMK 模式和 GK-TK 模式不同，可以以不动产实物作为投资对象。

如前所述，TMK 是为开展流动化业务而设立的载体，结构上比普通 KK 更为简洁。此外，在满足一定条件的情况下，支付的红利也可计作亏损，这是普通公司无法享受的优惠措施。

另一方面，从保护投资者的观点来说，该模式下须完成对象资产的特定化和资产流动化计划的制订。资产流动化计划是指规定了资产流动化各项基本事项的计划，包括：资产流动化计划的期限事项；资产支持证券或特定目的贷款事项；特定资产的内容、购买的时间以及转让人等其他关于特定资产的事项；特定资产的管理和处分方式，以及委托管理人的事项；特定目的贷款以外其他贷款的事项；其他内阁府令规定的事项等 6 方面必须记载的内容。

（以不动产信托受益权作为投资对象的情形）

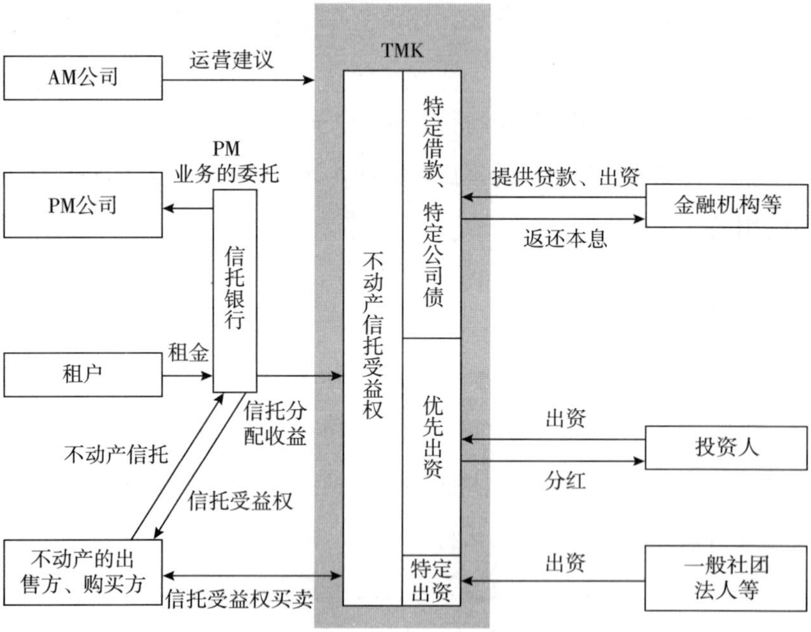

图 4.6　TMK 架构

TMK 需要根据资产流动化计划来开展业务（计划的变更原则上需要员工大会的决议）。因此，采用此种模式的，基本上是从一开始就已经确定了所投资的物业项目。

如此，TMK 模式的设计使私募基金无法追加购买物业，缺乏灵活性。通常在希望发行公司债券或希望获得实物不动产时采用该模式。如图 4.5 所示，约有 1/4 的基金采用了 TMK 模式。

其他模式

KK-TK 模式

KK-TK（KK-TK 是 KABUSHIKI KAISHA 和 TOKUMEI KUMIAI 的首字母缩写，是日语“股份有限公司”和“匿名组合”的发音）模式。它和 GK-TK 模式相似，不同的是其以 KK 代替 GK，通常在发行公司债券时，可以考虑选择 KK 这种模式。但与采用 GK 的模式相比，因其证券化的成本较高、股份公司董事的任期为 2 年、每次换届时需要由股东大会决议通过等缺点，该模式使用并不多。

二层结构基金

如图 4.7 所示，二层结构基金是指原 SPC 从权益投资人出资的 TK 资金中，将部分资金以 TK 出资的形式继续投资持有不动产信托受益权的其他 SPC 的模式。换言之，就是将资金募集的 SPC 和资产购买、运营的 SPC 区分开来的模式，前一个 SPC 被称为母 SPC，后一个 SPC 被称为子 SPC。

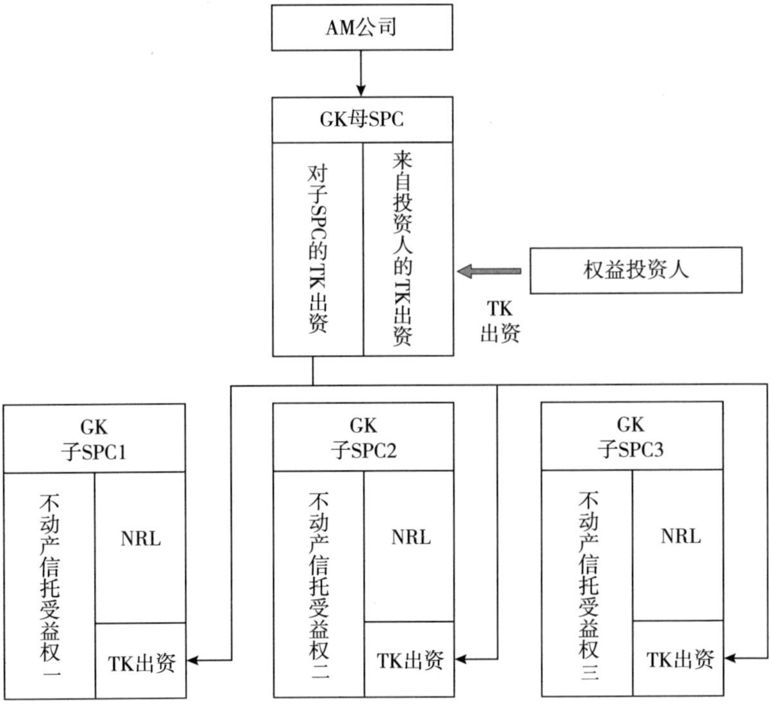

图 4.7　二层结构基金的架构图

在子 SPC 层面的不动产追加购买、早期处分、贷款等条件较为宽松，所以双重构造也是较为常见的结构。

私募基金的类型

个人投资的产品可以有不同的类型，同样，不动产私募基金根据投资人的需求也有不同的类型。本节将从多个方面对私募基金进行分类。

根据运用形态分类

最初的分类是运用形态的分类。概括来说，就是以初始时期是否就确定了未来要投资的物业来分类。此处介绍如下 3 种类型：

特定物业型

所谓特定物业型，是指 AM 公司预先就物色好了能引起投资人兴趣、富有吸引力的不动产，而后再准备组建基金，向投资人进行营销，基金在预设投向的资金募集完毕时才正式开始，这被称为预先设定型运用形态。该类型的基金一旦组建成功后，就不会再追加购买 PM，对投资方而言，无须承担因预定之外的物业加入所带来的风险。与有追加购买情况的产品相比，更容易把控整体的风险。

特别是次贷危机之后，投资人的风险意识加强，如图 4.8 所示，特定物业型基金的比例逐年增加，至 2012 年时，90% 的基金均采用此类型。

追加购买型

追加购买型是介于特定物业型和随后说明的全权委托型之间，在基金组建前确定一部分物业，基金组建之后再追加购买的运用形态。

全权委托型

全权委托型是指基金组建前没有确定购买的物业，只是对未来希望作为投资对象的不动产设定标准（投资标准），AM 公司根据此标准可自主进行物业购买的一种运用形态。这种类型中，对不动产的投资判断实质上全部委托给 AM 公司，投资方在基金初始时期对将来会构建怎样的不动产投资组合并不清楚，故被称为盲池型。

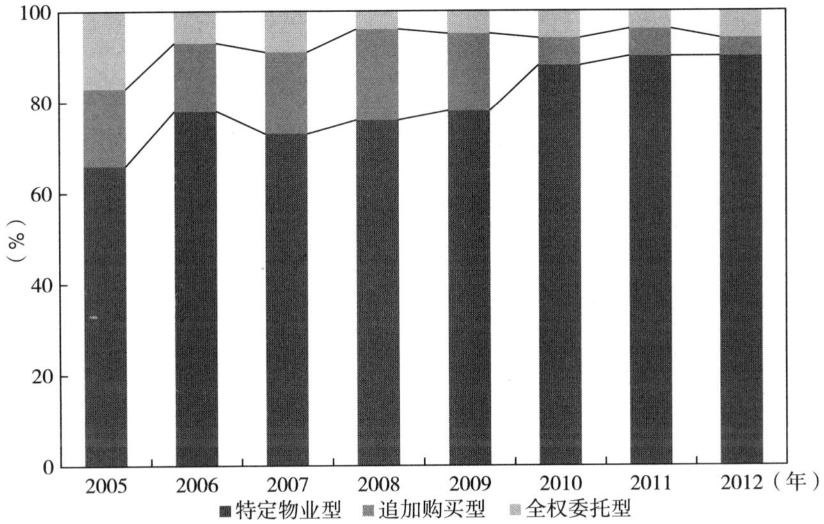

图 4.8　私募基金运用形态的演变（以基金数量为基准）

资料来源：一般社团法人不动产证券化协会“第 8 次会员不动产私募基金实际情况调查（截至 2012 年年末）”。

全权委托型（盲池型）在物业购买时不需要投资方的一致同意，所以资产的运用过程具有机动性。同时，可以从多个投资方汇拢大量资金用于投资大型不动产。但其另一方面也存在缺点，即无法顾及投资人对个别不动产购买可行性的判断意见。

根据运用战略分类

以下是根据运用战略对私募基金进行的分类。我们从风险与回报的角度将基金分成几个类型，就以下 3 种类型予以说明。

核心型

核心型是指重视收益（租赁获得的持续收益），以长期保有为前提的不动产的投资。与该类型投资相对应的主要为现金流稳定的甲级办公楼和中心地区的大型商业设施。从风险与回报的角度看，与下面的增值型和机会型相比，可谓是低风险、低回报的战略。

本章第 1 节中说到，私募基金存在一定的投资期限，期限届满后出售物业，因而私募基金的表现通常以收益增加（income gain）和资产增值（capital gain）为基础合并计算出的 *IRR* 值[①]来衡量。核心型基金的目标基本设定在 10% 左右。

表 4.1 中列出了几个核心型基金的简单模型。

表 4.1　核心型投资模型　（金额：亿日元）

投资期间	5 年			1	2	3	4	5	合计
不动产	100	不动产	-100.0					100	0.0
LTV	60%	交易成本	-3.0					-3.0	-6.0
利率	1%	借款	60.0					-60.0	0.0
交易成本	3%	*NOI*（净营业收入）		4.5	4.5	4.5	4.5	4.5	22.5
初始资本化率	4.5%	利息等		-0.6	-0.6	-0.6	-0.6	-0.6	-3.0
终期资本化率	4.5%	现金流	-43.0	3.9	3.9	3.9	3.9	40.9	13.5
		IRR	7%						

在第一年，购买 100 亿日元的收益型不动产（初始资本化率为 4.5%，因此每一年的净收益为 4.5 亿日元，之后没有变动），其中自有资金 40 亿日元，借款 60 亿日元（年利率 1.0%，5 年期借款）。运营 5 年后，同样以 100 亿日元的价格出售。5 年的资金流合计为 13.5

① 参照第 9 章的“*IRR*”部分。

亿日元，*IRR* 为 7%。

日本是世界上经济与不动产市场都比较成熟的国家，相对而言，土地价格和不动产价格的变动幅度较小。因此，相对于资产增值（资产的出售收益），日本更加重视收益增长的核心型基金占有主导地位。如图 4.9 所示，核心型私募基金的比例在 2012 年年底已经占到近 50%。

目前有一种基金类型，与核心型基金一样主要以收益增加为目的，但当中也有一部分以资产增值为目的，这种基金被分类为“核心增强型”。

增值型

增值型指的是回报率目标介于核心型和下面说明的机会型之间的投资战略。私募基金运用战略的演变如图 4.9 所示。

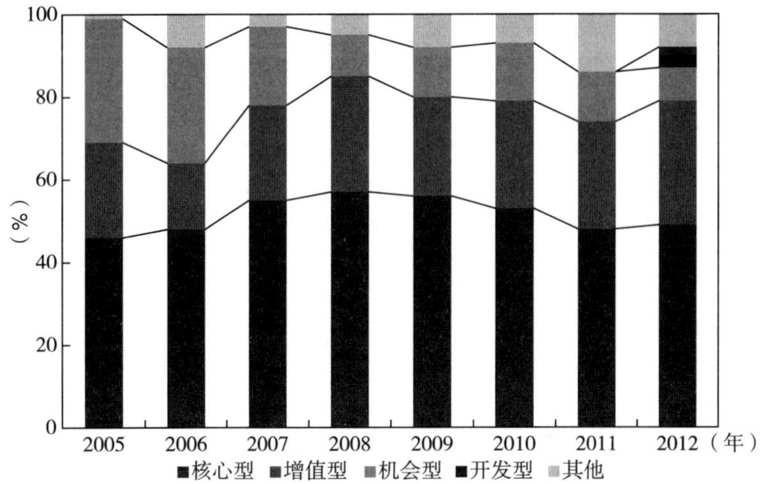

图 4.9　私募基金运用战略的演变（以基金数量为基准）

资料来源：一般社团法人不动产证券化协会“第 8 次会员不动产私募基金实际情况调查（截至 2012 年年末）”。

例如，对于需要更新修缮但是由于业主没有资金而搁置的物业，或由于商铺出租率下降而没有进行必要的招商宣传的物业，以低收益物业所相应的价格购买，之后通过自行整修和出租，使得租金和出租率上升，再以高收益物业所相应的价格予以出售，从而获得资产增值。

机会型

机会型是指购买将来价格或收益会上升的物业，在短时间内出售，以获得资产增值的投资战略。

此前提及日本的地价和不动产价格变动幅度较小，即使如此，每隔数年也会有市场的循环波动，个别地区或个别物业可能会有较大的增值幅度，可以获得较高的回报。但是，投资物业不仅没有实现预期的升值，价格反而下降，这样的风险会比核心型大得多。因此与上述两种战略比较，机会型更需要有精准的物业选择、区域特性、市场动态的把握能力与预估能力，可谓是高风险、高回报的投资。

表 4.2 机会型投资模型 （金额：亿日元）

投资期间	3 年			1	2	3	合计
不动产	100	不动产	-100.0			122.2	22.2
LTV	70%	交易成本	-3.0			-3.7	-6.7
利率	0.8%	借款	70.0			-70.0	0.0
交易成本	3%	*NOI*		5.5	5.5	5.5	16.5
初始资本化率	5.5%	利息等		-0.6	-0.6	-0.6	-1.8
终期资本化率	4.5%	现金流	-33.0	4.9	4.9	53.4	30.2
		IRR	27%				

机会型基金的目标 *IRR* 往往在 20% 左右或者更高，和之前的核

心型一样，在表 4. 2 中以简单的模型表示。

机会型基金相较于核心型基金，购买的物业在初期具有高回报率，且预计未来的回报率[①]会降低。另外，由于为了提高回报率而在购买物业时加了更高的金融杠杆，上述模型中将 *LTV* 设为 70%。3 年运营后的资本化率降低为 4. 5%，以 122. 2 亿日元（由 5. 5 亿日元除以 4. 5% 得出）价格出售。最后的结果是，3 年间的现金流合计为 30. 2 亿日元，*IRR* 实现了 27% 的高水平。

上一节中提到 2007 年前后的基金泡沫时期，位于城市核心地区的地价和不动产价格急剧上升，短期内倒卖获得资产增值收益的机会型基金的数量也较多（如图 4. 9 所示）。但是次贷危机之后，机会型基金的比例就降低为 10% 左右。

根据运用期限分类

运用期限没有类似“几年以上的为长期”这样明确的标准，如图 4. 10 所示，这几年的调查发现，回答 3 ~ 5 年以及 5 ~ 7 年的占半数，所以暂且将不到 3 年的期限设为“短期”，大于 7 年的期限设为“长期”。

运用期限分类和运用战略分类有关，例如核心型基金以获得长期收益为目的，因而运用期限相对较长，机会型以获得短期价格上涨的利益为目的，因而运用期限相对较短。运用战略分类中曾说到，基金泡沫期的机会型基金的比例较高，但目前来看，核心型基金则约占半数。运用期限分类也是一样的，2006—2007 年“不到 1 年”或“1 ~ 3 年”的比例较高，次贷危机以后则呈现出长期化的迹象（如图 4. 10 所示）。

---

① 未来的回报率是指退出时的资本化率。——译者注

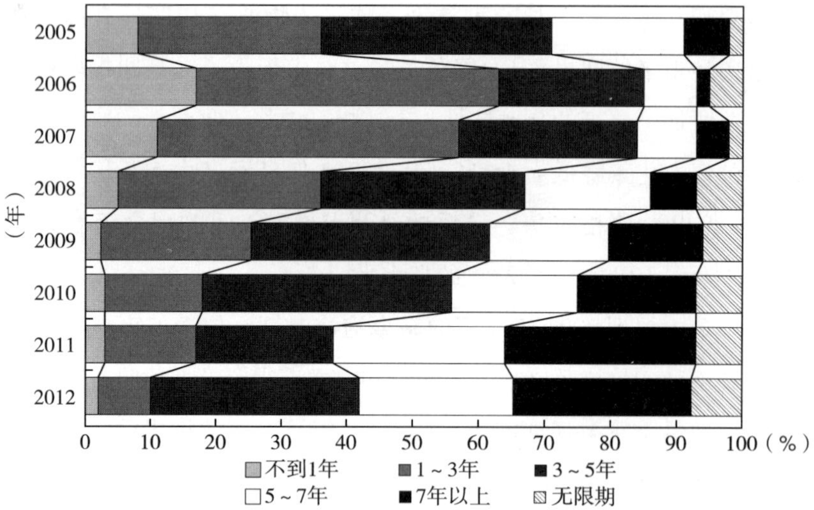

图 4.10　私募基金计划运营时间的演变（以基金数量为基准）

资料来源：一般社团法人不动产证券化协会“第 8 次会员不动产私募基金实际情况调查（截至 2012 年年末）”。

私募基金市场的变迁

私募基金市场规模的变化

第 1 节中提到，私募基金的市场规模在 2012 年年底已经达到约 10.5 万亿日元，近几年来有较大的变动。

图 4.11 表现了 2005 年以来私募基金的运营资金额（以购买价格为基准）的变化。2005—2008 年，资金额急速增加，2008 年增长到了 13 万亿日元，但是，2009 年的存量有所减少，此后一直维持横向稳定，2012 年年底时约为 10.5 万亿日元。

为什么会有这样的变化呢？这就需要对这期间的私募资金市场进行回顾。

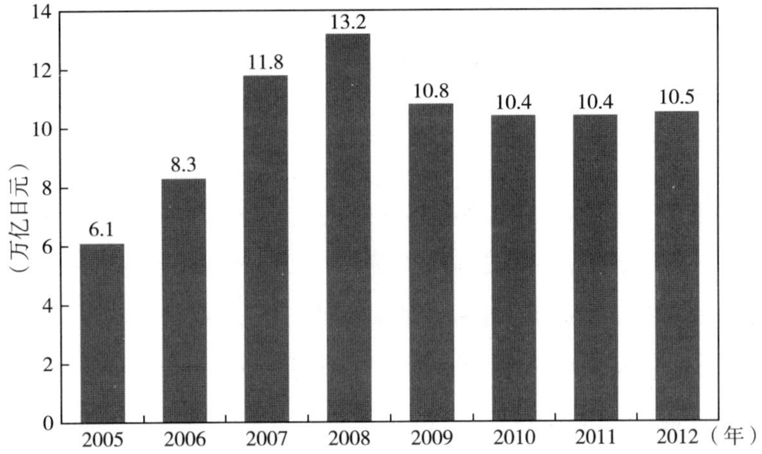

图 4.11　私募基金的运营资金额（以购买价格为基准）的演变

资料来源：一般社团法人不动产证券化协会“第 8 次会员不动产私募基金实际情况调查（截至 2012 年年末）”。

基金扩张期

泡沫经济崩溃后，日本的不动产价格大幅下降，价格的可承受度以及持续的低利率使得 2000 年前后出现了不动产投资需求的高涨。第 1 章中提到，该时期有关证券化的法规和制度相继出台，加速了不动产领域的资金流入。加之，在 2004—2005 年期间，世界经济明显复苏，以出口产业为中心的日本企业业绩得以恢复，出现了办公楼空置率下降、租金上涨的情况，更促进了对不动产投资需求的增加。

由于投资需求增加使得资本化率降低，租金上升使得现金流增加，不动产价格急速上升。毫不夸张地说，当时人们都认为：“只要购买，几年后价格肯定上涨。”特别是机会型的基金接连购买物业，或者出售给其他基金的情况不断持续，数百亿、数千亿的交易屡见不鲜。这类基金的推手，往往是外资 AM 公司，或是迎合壮大的市场规模而新创立的 AM 公司。

2007 年前后的市场可谓达到“基金泡沫”，如其名称一样，当时日本不动产市场的中心就是私募基金。

经历缩小、停滞期后再次进入回复期

但是，这样的情况在 2008 年 9 月的次贷危机后出现大转折。支撑日本不动产市场的外国资金突然绝迹，世界经济的停滞也影响到日本的实体经济，造成办公楼和商业设施的租金下跌，不动产价格大幅下降，交易量也有所滑落。贷款到期后无法替换，即使出售物业，出售价格不仅无法达到权益部分的出资金额，就连贷款部分都无法达到。违约事件频发，外资 AM 公司撤离日本，新设的 AM 公司破产的事情不断，从 2008 年到 2009 年，私募基金的数量直线减少。

但是，这样的状况并非一直持续。在资金流急速下降和资金运转严峻的情况中，多数基金努力将保有的资产出售，同时，在 2010 年左右，市场渐渐恢复平静，不动产投资重新启动，私募基金的设立和物业购买又渐渐出现了。之后，在福岛大地震时，市场曾一度停滞，但并未受到过度冲击，再次迈向恢复的主基调。结果从 2009 年到 2012 年间，市场规模基本稳定不变。

不过，当下和曾经由外资或新设的机会型基金主导的时期不同，投资的中心变为核心型，参与方也有了很大变化。表 4. 3 是截至 2013 年 3 月底，AM 公司所运营的资产情况的排名。如表所示，日本国内的大型房地产开发企业、金融企业、商业企业引领着私募基金市场。

表 4. 3　AM 公司的预存资产状况表（截至 2013 年 3 月）

顺序	公司名称	投资运营（百万日元）	投资建议（百万日元）	合计（百万日元）
1	三菱地所投资顾问株式会社	160 709	618 006	778 715
2	野村不动产投资顾问株式会社	473 779	40 960	514 739

续表

顺序	公司名称	投资运营（百万日元）	投资建议（百万日元）	合计（百万日元）
3	安全资本投资管理（Secured Capital Investment Management）株式会社	249 292	256 622	505 914
4	凯尼迪克斯顾问（Kenedix Advisors）株式会社	57 446	420 112	477 558
5	东急不动产资本管理株式会社	181 515	275 913	457 428
6	三井住友信托不动产投资顾问株式会社	95 047	359 410	454 457
7	钻石地产管理（Diamond Realty Management）株式会社	301 686	107 825	409 511
8	欧力士（Orix）不动产投资顾问株式会社	341 911	51 068	392 979
9	东京建物不动产投资顾问株式会社	53 093	321 022	274 115
10	三井不动产投资顾问株式会社	298 975	64 509	363 484
11	森大楼不动产投资顾问株式会社	3 307	341 466	344 773
12	新普莱克斯（Simplex）不动产投资顾问株式会社	226 830	5 629	232 459
13	印地拉资本管理（Indera Capital Management）株式会社	102 413	119 807	222. 220
14	马克斯地产（Max Realty）株式会社	167 229	15 681	182 910
15	东京海上不动产投资顾问株式会社	174 137	7 908	182 045
16	安田不动产投资顾问株式会社	179 049	0	179 049
17	ASA 资产管理株式会社	127 672	49 375	177 047
18	日土地资产管理株式会社	4 940	122 720	127 660

续表

顺序	公司名称	投资运营（百万日元）	投资建议（百万日元）	合计（百万日元）
19	保诚日本不动产投资（Prudential Real Estate Investors Japan）株式会社	57 960	53 550	111 510
20	东诚资产顾问（Tosei Asset Advisors）株式会社	55 063	48 790	103 853
21	伽利略日本（Galileo Japan）株式会社	102 890	0	102 890
22	LCR 不动产投资顾问株式会社	98 953	0	98 953
23	兴和不动产投资顾问株式会社	77 902	19 939	97 841
24	古德曼日本基金（Goodman Japan Funds）株式会社	94 662	0	94 662
25	戴德梁行资产管理（Cushman and Wakefield Asset Management）株式会社	65 514	20 977	86 491
26	全球基金管理日本有限公司（Global Fund Management Japan Ltd.）	69 034	0	69 034
27	UNI 亚洲资本日本株式会社	53 110	2 419	55 529
28	第一太平戴维斯资产顾问（Savills Asset Advisory）株式会社	15 168	38 793	53 961
29	KW 投资株式会社	45 001	0	45 001
30	SPC 资产管理株式会社	33 467	10 115	43 582

资料来源：一般财团法人日本投资顾问业协会。

如此，在近 10 年间，市场规模、战略、参与方都发生了巨大变化的私募基金无疑依然是市场中重要的存在。它们与 J-REIT 相比，公开信息较少，交易也不显露于表面。自 2012 年开始，不动产有触底反弹倾向，加上安倍经济学的金融宽松、恢复经济景气的预期高涨等原因，推动私募基金购买物业的意愿也慢慢加强，其交易量也逐渐增加。其中不乏轰动市场的交易案例，例如在第 10 章中介绍的旧长银总部大楼的交易。

不论是过去还是将来，只要提及证券化市场或不动产市场，都离不开私募基金。

第五章 不动产基金的动向之二：J-REIT

J-REIT

J-REIT 就是日本版的不动产投资信托基金。不动产投资信托基金，是指根据《投信法》的修订，在 2000 年 11 月启动的，以不动产为主要运营对象的投资法人或投资信托基金的总称。美国的不动产投资信托基金简称 REIT，因而日本版就称为 J-REIT 或直接称为 REIT。

REIT 从制度上，分为利用投资法人的公司型和利用信托的契约型两种。不论公司型或契约型，都是向投资人募集资金，将资金投资于不动产，将投资的成果分配给投资人的。但是，对于投资人来说，最大的不同点在于，公司型的投资人可以获得类似于公司股东大会的投资人大会的表决权。因此，保有投资份额的投资人可以就投资法人的管理人员任免等一些事项行使表决权，具有一定的监督权限。

此外，大部分 J-REIT 已上市交易，截至 2013 年 7 月上市的 REIT 只有公司型。本章将着重介绍公司型的上市 REIT。

要了解公司型投资信托的构造，可以将 J-REIT 理解为和 KK 一样的“法人”，如此更便于理解。

首先，如同 KK 发行股份一样，REIT 也通过发行投资份额（被称为“投资证券”的有价证券）从投资人处募集资金。投资人持有的上市 REIT 的投资证券可以通过证券交易所等和股票一样进行交易。REIT 将由此募集的资金以及贷款一起用于投资不动产，将该不动产出租给租赁方以获取收益。但根据规定，REIT 必须将 AM 和保管等业务委托给 AM 公司和资产保管公司等。[①] 上市 J-REIT 和上市不动产公司的比较如表 5.1 所示。

表 5.1　上市 J-REIT 和上市不动产公司的比较

	上市 J-REIT	上市不动产公司
法人的种类（设立依据的法律）	投资法人（《投信法》）	株式会社（《公司法》）
权益	投资份额	股份
表示股权的有价证券	投资证券	股票
股权持有人	投资者	股东
最高决策机构	投资者大会	股东大会
负债	投资法人债、借款	公司债、借款
法定代表人	执行董事	董事长
职员	不雇佣	众多
业务内容	不动产租赁、买卖	不动产开发、销售、租赁、中介、不动产基金运营、其他
业务的外部委托	投资判断、不动产调查、不动产管理等，几乎全部业务委托外部	基于公司的判断决定业务由公司自行开展还是委托外部
分红（收益分配）	实际业绩分红（目前分配倾向近乎 100% 的业绩）	根据公司业绩、分配政策不同，金额和分红方式也不同
法人税	实质不征收（税务上满足一定条件，扣除）	征税
投资者的分红纳税	没有关于分配扣除、分配收益不算入的政策	有关于分配扣除、分配收益不算入的政策

① 这种运用形态被称为外部管理型。一方面，资产的运营管理需要由外部的管理公司来施行，投资法人仅仅是保有不动产的载体公司，可以满足“导管性要件”。另一方面，因为存在运营公司的母公司作为发起人，其和投资人可能会有利益相反的问题，因此投资法人需要采取措施设定一定的交易规则和监管体制。外部管理型被许多国家采用，但是通过内部运营资产的内部管理型也有很多国家采用，而且呈上升趋势（参见本章第 10 节“全球的 REIT”）。

REIT 通过商业不动产的出租而取得租金，扣除不动产的运营费、管理费、利息以及 REIT 基金管理费后，剩余的收益被分配给投资人。

如果将 J-REIT 与上市的不动产公司对比，会发现虽然组织架构与发行的证券相似，但在业务范围、外部委托的状态、员工人数、是否征收企业所得税、分红政策上并不一致，可以看出，J-REIT 不过是持有不动产的一个容器而已。这也可以说是 J-REIT 的一个特征。

J-REIT 和第 4 章所说的私募基金不同，例如，J-REIT 的投资份额是有价证券，流动性很高，价格也时刻变化，投资法人没有期限，可以持续经营，杠杆水平有很大差异，载体的法律地位不同等。但是，在载体仅作为保有不动产的容器这一点上，两者并没有区别。

并且，不动产投资信托基金的结构除公司型和契约型外，还有开放式和封闭式。开放式基金可根据投资人的请求赎回，封闭式则不进行赎回。上市 REIT 属于封闭式，不采取赎回的方式，而是通过证券交易所来确保交易。开放式则是针对第 6 章将介绍的私募 REIT，私募 REIT 为非上市 REIT，是近几年开始出现的。

J-REIT 的架构

J-REIT（投资法人）仅仅是将保有的不动产所产生的收益分配给投资人的载体。J-REIT 从租赁方获得租金收益或出售不动产的收益，扣除固定资产的税费、维修费等物业有关的费用、委托外部企业的报酬、借款或举借外债的利息、维持投资法人的费用和上市费用后，结算所得利润分配给投资人（折旧部分的费用通常不分配）。必要的业务基本都委托外部管理，所以 J-REIT 自身不做投资判断。

就单纯作为载体这点来看，J-REIT 和 SPC 是一样的。

对 J-REIT 发出实际购买指示、出售 PM 保有的不动产以及进行交易的是如下参与者。

投资信托的委托人 AM 公司

J-REIT 的投资信托委托人与私募基金中的 AM 公司的职权相同，其地位及成为投资信托委托人的条件在《投信法》中有明确规定。

J-REIT 必须将个别不动产的购买、出售以及投资标准的决定等 AM 业务委托给外部公司，实施该业务（被称为投资法人的资产运用行业）的公司被称为投资信托的委托人。

J-REIT 通过借款、发行投资法人债券等方式从外部筹集资金，或是发行投资份额向投资人筹集资金，这些资金调配方案和条件的决策，以及选择 J-REIT 的其他参与方等都是 AM 公司的职权，因此，AM 公司对 J-REIT 的运作有举足轻重的作用。此外，AM 公司的出资人通常是 REIT 的发起人公司。

资产托管公司

对 J-REIT 进行资产托管相关业务的公司是资产托管公司。具体来说，就是保管不动产权利凭证等的信托银行。

一般事务受托人

J-REIT 相关事务中，除资产运作和保管以外的业务由一般事务受托人管理。具体业务有资金借贷表和资产损益表等的制作、纳税事务、运营股东大会和董事会会议等。

PM 公司

对 J-REIT 所保有的不动产进行管理的公司，除管理建筑物外，还需和租户保持良好的关系、回收租金、招募新的租户等，基本和私募基金中的 PM 公司相同。其中部分业务有时也可以由 AM 公司来负责。

不动产信托受托人

J-REIT 的形态中，除了保有的实物不动产外，有时候还会持有不动产信托受益权。此时，从法律的角度看，不动产的所有人是信托受托方，从经济的角度看，虽然扣除了信托报酬，但是以信托分配收益的形式为 J-REIT 提供现金流，与实物不动产相比没有太大区别。不动产信托受益权的交易相比实物不动产的交易，因其不用支付不动产取得税和登记许可税，在重视物业流动性的案例中具有优势。

不动产中介人（宅地建筑物交易业者/金融商品交易业者）

不动产中介人是指为 J-REIT 的物业买卖，以及为物业的租赁提供中介服务的公司。不动产中介人在实物不动产交易时是宅地建筑物交易业者，在信托受益权交易时则是金融商品交易业者。

投资人（权益投资人）

投资人可经由证券公司的募集而投资于 J-REIT，也可到证券市场购买投资证券后成为上市的 J-REIT 投资方。投资人有权从 J-REIT 处获得分红收益，并可以将投资证券出售，以回收投资。

金融机构、投资法人债券的投资人（债权投资人）

其向 J-REIT 出借资金或购买 J-REIT 发行的投资法人债券。

租户

租户指 J-REIT 所保有不动产的租赁方。租户支付的租金是 J-REIT 分配收益的来源，招募新租户、清退老租户、与租户交涉、更改租金等是

PM 公司的职责。在招募新租户的过程中，也有不动产中介业者的参与。

不动产的出售方、购买方

不动产没有像证券市场一样集中交易的市场。每次交易都需要根据物业来匹配交易双方或通过招投标的方式，买卖交易中普遍存在不动产中介业者介入的情况。

J-REIT 投资的魅力在于，与私募基金相比较，具有证券（权益持有比例）的流动性较高、个人的小额资金也能参与等优点。

此外，私募基金的公示范围有限，J-REIT 则向包括投资人在内的大范围进行公示。J-REIT 大范围公示不动产交易的详细情况，提高了不动产市场的透明度，可谓 J-REIT 的一大功绩。

证券化也被称为不动产金融产品化，J-REIT 的登场为证券投资人进入不动产市场提供了条件，也为其从金融资产的分析角度对不动产进行考察提供了途径。J-REIT 的架构图如图 5.1 所示。

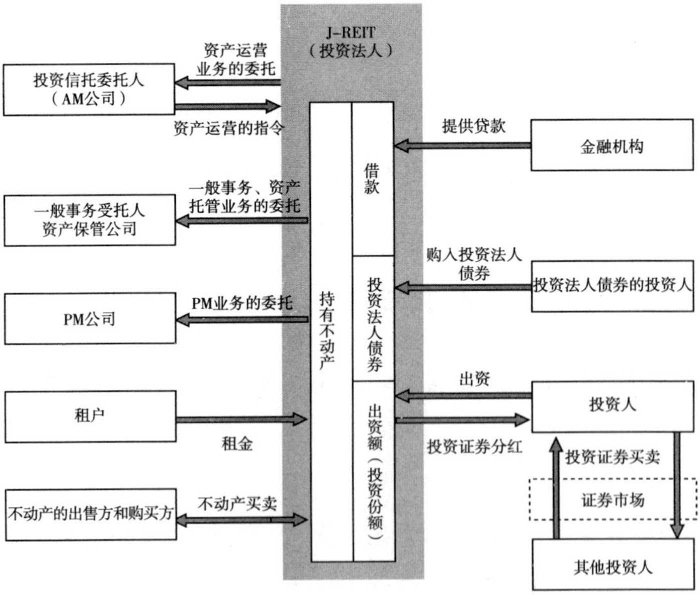

图 5.1　J-REIT 的架构图

J-REIT 的资金筹措

J-REIT 的资金筹措形式可以分为两类：资本方面的融资［即权益融资（equity finance）］和负债方面的融资［即债权融资（debt finance）］。J-REIT 通过这些渠道筹措资金，以购买物业。

权益融资

J-REIT 的权益融资，通过公募增资（public offering）、第三方定向增资进行。公募增资是指公开发行新投资份额来募集广大社会投资人的发行方式，以市场的实时价格发行新投资份额（如果是第三方定向增资，新投资份额的购买人就已经事先约定好了）。因此 J-REIT 增资时，市场价格，即投资份额的价格水平至关重要。

我们通过一个简单的例子来说明其中缘由：

例如新发行 50 万日元/份的投资份额，共计 10 000 份，即总共募集 50 亿日元资金。如果投资份额的价格上升，每份变为 100 万日元，发行同样数量时，就可以募集两倍资金，即 100 亿日元。

如果投资份额的价格降低，为了募集足够资金，或许可以考虑增加发行份额的数量，但如果无止境地增加投资份额的数量，那么投资份额的总数上升就会导致单位投资份额的红利分配减少，很难获得现有投资人的理解。因此，如果不能保证投资份额的价格高于一定标准，公募增资的方式就很难实现。

图 5. 2 是展示 J-REIT 的投资份额价格变动的东证 REIT 指数图。J-REIT 在 2007 年达到巅峰后，由于次贷危机而导致价格急剧下滑并持续低迷数年，在 2012 年下半年终于有所恢复。

图 5. 3 显示的是含 IPO 在内的公募增资项目的数量和增资金额（含第三方定向增资等）的变化图。与图 5. 2 比较可见，随着投资份

图 5. 2　东证 REIT 指数的演变

资料来源：东京证券交易所。

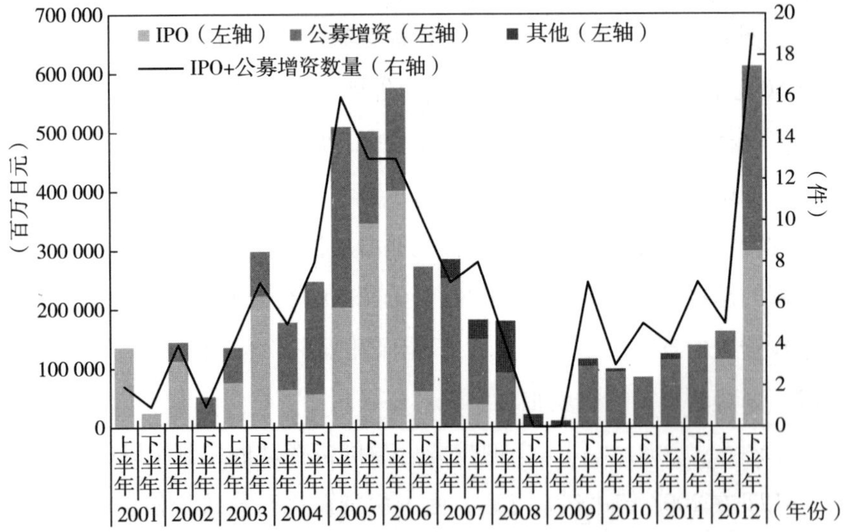

图 5. 3　公募增资（包括 IPO）的数量与增资金额等的演变

资料来源：一般社团法人不动产证券化协会。

额价格的上涨，公募增资的项目数量也在增加。但是在次贷危机后的2008年下半年至2009年上半年，由于受市场环境恶化的影响，公募增资一件都没有。

权益融资的活跃，意味着J-REIT积极地向投资人募集资金、购买物业、扩大资产规模。所以，权益融资的活跃度是反映J-REIT市场的景气与否的一个指标。

债权融资

接下来是债权融资。通过债权（即负债方式）来筹集资金，是从金融机构贷款、发行投资法人债券（一般公司所说的公司债）等从机构投资人处调配资金的方式。

贷款或法人债都计入资产负债表的负债栏，会导致*LTV*上升。由于杠杆效应，*LTV*越高，预期收益率也会越高。但*LTV*增高，利息上升时会增加利息负担，容易造成损益的恶化。因此，J-REIT的*LTV*高也意味着高风险、高回报。此外，*LTV*如果提高，投资法人的评级也会下降，可能导致利息的增加。因此，虽然*LTV*上升可以提高杠杆效应，但一味提高*LTV*对J-REIT的运营不利，当下多数J-REIT的*LTV*水平都控制在60%的上限之内。到目前为止，从J-REIT的*LTV*水平来看，根据投资对象的用途和规模不同会有差异，但是基本控制在30%~60%之间。如何掌控权益和负债的平衡，就看各AM公司的本领了。

和前文阐述的权益融资不同的是，负债融资伴随着再融资的风险。借款时当然会设定返还期限（如果是投资法人债，则称为偿还期限），市场环境恶化时，如果到了返还期限，则必须采取一些方法来重新筹集资金。

但是，由于市场恶化时投资份额的价格低迷，通过权益融资不太现实，如果机构投资人对风险采取强势回避的态度，发行投资法人债也很困难，剩下的选择只有从金融机构借款——根据《投信法》，J-REIT 的资金调配方式的规定只有公募增资、第三方定向增资、借款和投资法人债发行这 4 种方式。结果在次贷危机后的信用紧缩期内，金融机构对信用能力低的发起人的 J-REIT 融资态度强硬，使 J-REIT 的融资风险显现。信用能力低的发起人 REIT 投资份额的价格大幅下跌，其运营也陷入窘境。

经过反思，市场对扩充 J-REIT 资金调配手段的动向开始活跃，于是有了之后 2013 年的《投信法》修改。关于《投信法》修改后资金调配手段的扩充，我们将在后文予以阐述。

J-REIT 的收益分配

J-REIT 的收益比其他金融产品高，J-REIT 的投资份额和一般公司的股份一样，属于非保本产品，投资收益根据投资金额、利润分配、资本收益（资本损失）、投资期限等计算得出。在此，我们就 J-REIT能产生高回报率的原因以及最近关于收益分配政策的新动向等进行说明。

制度方面的理由

再重新看一下表 5.1，对于是否征收企业所得税以及收益分配的政策，J-REIT 和上市不动产公司之间确实存在巨大差异。J-REIT 实际上不征收企业所得税，并且将收益几乎完全分配出去，而众多上市公司的股票需要征收企业所得税，且收益分配也达不到 100%，所以 J-REIT 的投资回报率在大多数情况下较高的原因也就不难理解了。

另外，需要说明的是，J-REIT 之所以具有表 5.1 的特征，是根据《投信法》和税法的相关规定，必须采用此种形态。例如，J-REIT 若要得到投资法人的企业所得税不予征收的税收优惠，需要具备数个条件。为了满足条件，J-REIT 需要将几乎所有业务全部采取外部委托方式，利益分配的比例也需要接近 100%。

此外，即便 J-REIT 按照满足“不予征收企业所得税”的条件来运营，也无法百分之百地保证所得税不被征收。

市场环境方面的理由

创造高回报率不仅需要制度方面的配合，还需要有容易产生高收益的不动产运营环境。为此，首先，实物不动产必须能产生高运营回报。不动产的回报率（资本回报率）根据不动产的自身条件和购买时期的不同会有差异，对于多数的上市 J-REIT，加权平均资产收益率（*NOI* 收益率）基本要达到4%～6%。实际上 J-REIT 分配给投资方的金额，也是从该数字中减去折旧费和基金运营成本等后的金额，可以说该回报水平与存款利率或债券利率相比还是比较高的。

其次，能产生高回报率还有一个原因，即近期的低利率环境。当下实物不动产的运营收益远远高于贷款利率。J-REIT 除投资人的出资（股权）以外，还通过银行和投资法人债（债权）筹集资金，投资于房地产。由于债性的资金调配成本低廉，杠杆效应显现，债性资金的融资比例越高，则权益资本的收益回报越高。

新的分配方式（收益超额分配）

此前说到 J-REIT 几乎将全部收益都用于分配，最近有的J-REIT 又出现了新的分配方式——收益超额分配。

收益超额分配，如字面意思，是将超过当期收益的金额分配给投资人的收益分配方式。J-REIT 首次开始持续地实施收益超额分配的是投资物流设施的普洛斯（GLP）投资法人（2012 年 12 月上市）。普洛斯投资法人目前实施的方针是，将相当于约为当期折旧费 30% 的金额予以超额分配。

但是，为什么作为费用项目的折旧额会与收益超额分配的金额相关呢？

折旧费是不伴随现金支出的费用项目，所以具有将现金保留于内部的效果。人们通常在计入折旧费范围内计入资本性支出①的会计处理，预留出工程的费用，但是并非全部的折旧费都用于资本支出，剩余的现金也可以用于购买物业或偿还借款利息。折旧费对于无法内部保留收益的 J-REIT 来说，可谓难得的自由现金流的来源。对自由现金流如何使用由各 AM 公司来决定，将该自由现金流的部分作为收益分配给投资方的选择就是收益超额分配。

现在，实施收益超额分配的有普洛斯投资法人和同样投资物流设施的日本安博（Prologis）REIT 投资法人。物流设施多数建设在郊外，土地费用较低，建筑物价格占不动产价格整体的比重与其他用途的建筑物相比更高，折旧费的计提也相对较高（因为土地不能折旧）。但是，物流设施的折旧费除去实际需要的资本性支出金额外，还会有少量的剩余，并且与租户多签订的是长期租赁合同，能够持续积累资本性支出的资金，所以该投资用途的物业更便于实施收益超额分配。

---

① 会计上，为修理或改良固定资产而支出的金额可以提高该固定资产的价格或增加耐久性，该部分对应的金额可以作为“资本性支出”（cash expenditure），支出额可以计入固定资产的账面价格。

J-REIT 的信息公示

针对上市 J-REIT 发行的投资证券，有投资信托以及投资法人相关法规和法令、《金商法》和相关法令、不动产投资信托证券上市规则的特例（东证上市规则）、不动产投资信托和不动产投资法人相关规则（投资信托协会规则）等各种各样的法令和规则，它们均对 J-REIT的运营方式和信息公示的规则加以规定。

J-REIT 与私募基金不同，其特点是一般采用有价证券报告书的形式公示信息，这一点和普通的上市公司一样。投资信托特有的公示资料包括向投资人公示的资产运用报告书，多数情况下会在基金主页予以公示。

J-REIT 的信息公示和普通上市公司的信息公示的不同点主要体现在以下方面。

- J-REIT 原则上每半年结算一次，结算时公开决算简报、有价证券报告书、资产运用报告书等，并分配收益。
- J-REIT 需将记载持有物业特点的详细信息予以公示（包含物业概要、评估值、将来预计修缮费、PML①，运用业绩情况、主要租户的情况以及与利害关系人的交易情况等细节内容也需要信息公示。
- J-REIT 的结构使其难以在内部留存收益，因而多数 REIT 会比一般企业更快地实施公募增资来扩大规模，所以会频繁地发行招股意向书。
- J-REIT 在购买新物业时，会就物业购买价格和物业情况举行说明会，与此同时，也会公示评估价格。有的 REIT 还会公示该物业的未来收益预期和资产评估的概要（总收益、总费用、还原利率等）。

---

① 参照第 3 章的“PML”部分。

由此可知，J-REIT 的公示信息是详细和慎重的。出于保密义务，多数 REIT 对入驻各物业设施的租户的租赁费用和合同期限不予公示。类似的公示信息不但有助于投资判断，对人们了解不动产市场状况也是重要的资料。

在 2011 年 3 月的东日本大地震中，J-REIT 的信息公示的重要性被重新认识。

地震发生后，因担心作为投资不动产的 J-REIT 的建筑物被损毁，东证 REIT 的指数大幅下落。但是从地震发生当日起，开始的几天内，各投资法人陆续在主页上发布损失概要的第一手报告，虽然存在部分损失，但是没有对运营造成重大影响。之后在续报中，投资法人随时发布损失情况，建筑物修补需要的费用预算也被一同公布。J-REIT在地震后积极进行信息公示，同时，日本银行发表关于增加购买 J-REIT 投资份额的公告，[①] 在这些消息的相互作用下，投资方的不安情绪也有所缓解，2011 年 3 月末，东证 REIT 指数恢复到了和地震以前几乎相同的水平。

J-REIT 通过持续的信息公示，提高了不动产市场的透明度，成功吸引了包括个人投资者和机构投资者在内的新型投资者进入。

FOF

FOF（Fund of Funds，基金的基金）是指投资于投资信托的投资信托。通常，投资信托会投资股票、国债、公司债、短期金融产品等，但是 FOF 的投资对象则是其他投资信托。投资信托本身是以分

---

① 日本银行在 2010 年 12 月开始买入 J-REIT 的投资份额。日本银行对于 J-REIT 的投资份额的购买，对投资份额价格起到了支撑作用。

散投资为目的的金融产品，FOF 则将该目的进一步贯彻。

J-REIT 的定位是基于《投信法》设立的公司型投资信托，以其发行的投资证券为投资对象的 FOF，对不动产的投资更加分散化。

2003 年夏天开始，以 J-REIT 为投资对象的 FOF 被允许，之后资金增长的速度很快。

投资 J-REIT 的 FOF，其类型有仅仅以 J-REIT 为投资对象、有以增加海外的 REIT 为投资对象、有与东证 REIT 指数变动一致的指数投资、有结合基金经理自主判断的主动管理等各种模式。

关键是，和单位投资份额高达 50 万日元的 J-REIT 相比，小额度（单位投资份额 1 万日元）的投资也可以操作，是更适于个人投资的产品。

NAV 倍率

NAV（Net Asset Value，资产净值）倍率是在 REIT 的评价中经常使用的一种和股票 *PBR*（Price – Book Ratio，股价净值比 = 股价 ÷ 每股净值）相类似的指标。*NAV* 本身是指将持有的不动产账面价值换算为市价（采用期末评估价格）后，经修正的净资产值。然后看投资份额的价格是单位份额 *NAV* 的几倍，这一数值就是 *NAV* 倍率。

NAV 倍率（*P/NAV*）= 投资份额价格 ÷ 单位份额的 *NAV*

理论上，投资份额的价格和单位份额的 *NAV* 应当是等值的，但是现实中的 *NAV* 倍率会根据 REIT 公司的不同而不同。*NAV* 倍率低于 1 倍时，投资份额的价格就会偏低（折价），相反，倍率高于 1 倍时，则价格较高（溢价）。

此外，市场整体 *NAV* 倍率也会随着市场行情的变化而大幅变动。图 5.4 是 J-REIT 从创始到现在的 J-REIT 市场整体 *NAV* 倍率的变化图。原本 *NAV* 倍率是根据持有不动产的市价计算出来的数值，因而包含了不动产市场变化造成不动产价格变动的因素。但是，2007 年峰值时的 NAV 倍率达到 1.68 倍，次贷危机后也有跌落到 0.6 的时期。过去的数值显示，J-REIT 的投资份额价格的上升或下降幅度要比实际不动产价格的变化幅度还要大，即使投资份额价格上升了两倍，也并不意味着不动产价格上升了两倍。

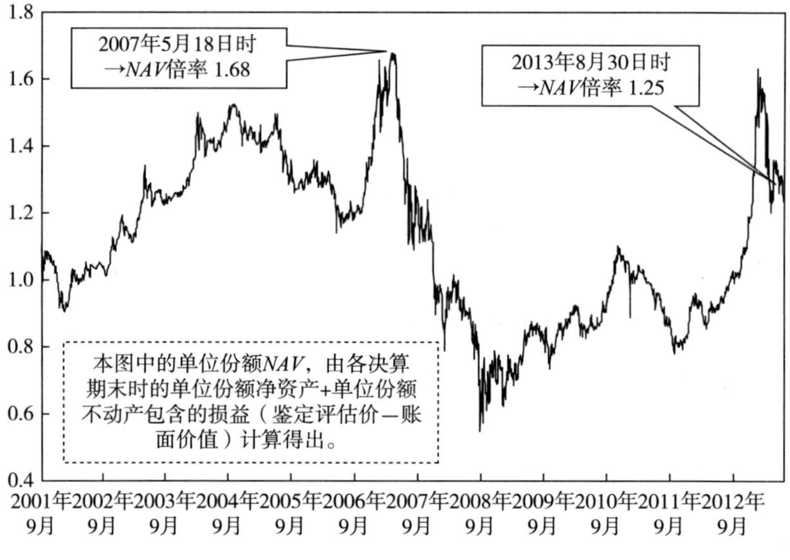

图 5.4　J-REIT 市场整体 *NAV* 倍率演变

资料来源：SMBC 日兴证券株式会社。

再者，产生溢价的原因，一是反映了对大型不动产的投资经过资产证券化后，可以分散为小额投资，提升了流动性；二是产生了对不动产价格上升的预期。相反，在看衰不动产市场时，就容易产生折价的趋势。

J-REIT 的成长过程

21 世纪初诞生的 J-REIT 市场（从初创期到市场扩大期、混乱期）

J-REIT 市场始于 21 世纪初。2001 年 3 月，东京证券交易所开设 J-REIT 市场，同年 9 月，办公楼型的日本房产基金投资法人和日本不动产投资法人的两只 REIT 在东证首次上市。

以两只办公楼型 REIT 起始的 J-REIT 市场，到 2003 年 12 月发展为 10 只，到 2005 年 7 月发展为 20 只，到 2006 年 3 月发展为 30 只，到 2006 年 11 月达到了 40 只，规模急速扩大，从办公楼逐渐扩大到商业设施、住宅、物流设施、酒店等多用途投资方向的投资产品，J-REIT 市场的整体资产规模也顺利增长（如图 5.5 所示）。

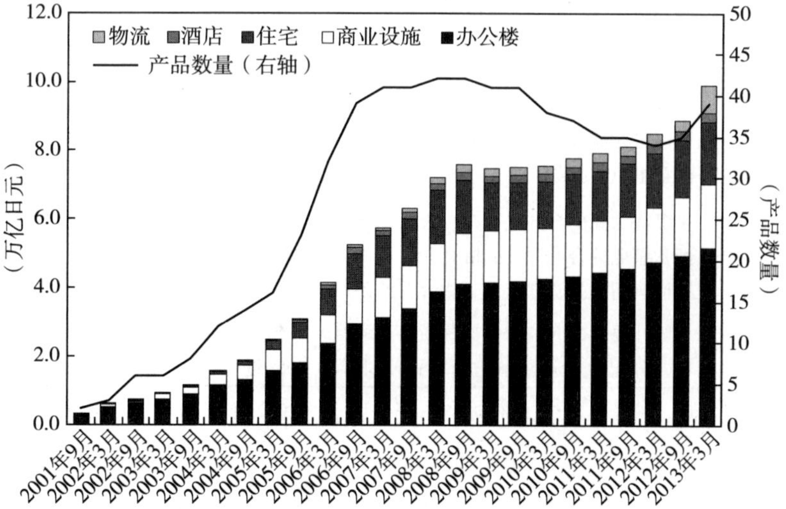

图 5.5　以用途分类的资产规模和上市产品数量

但是，自 2007 年下半年开始，次贷问题显现，信用危机扩大，发展顺利的 J-REIT 市场一度反转而陷入困境。投资份额价格急速下落，在次贷危机后的 2008 年 10 月，新城住宅（New City Residence）投资法人陷入破产泥潭。实体经济恶化造成租金下降和出租率低迷，这对各投资法人的运营造成压力。

在这样的状态下，日本政府与银行讨论了各种政策，以探寻如何稳定 J-REIT 市场。其中包括为苦于筹措资金的投资法人提供资金而设立不动产市场稳定化基金。[①] 这一基金作为 J-REIT 的安全网，在市场起到相当大的宣示效应。

此外，日本政府还着手开展有关投资法人的合并制度变更等工作（如表 5.2 所示）。

表 5.2　合并等制度的变更

制度变更	
项目	主要内容
合并	合并支付金的处理，由关于投资法人的法令予以明确
	明确规定将分配收益相当的合并支付金作为分配的收益计入损失
	并购价和公司资产差额的会计处理，如果在发生年度一次性计入损益的，可以将并购价和公司资产差额的发生额从作为收益分配冲销条件的可分配收益中予以扣除
	投资法人间的合并是否符合法人税法规定的“被合并法人和合并法人共同经营事业的合并”（适格合并）的判断标准，由金融厅向国税厅发出意见征询，明确投资法人的适格合并的条件
导管性	导管性要件的利益分配额判断公式的修改（超过“可分配所得”90% 进行收益分配的判定改为超过“可分配收益”90% 进行收益分配的判定）

资料来源：一般财团法人不动产证券化协会《2012 年不动产证券化手册》第 133 页。

① 不动产市场稳定化基金是指为苦恼于资金调配的投资法人提供资金供给而设立的官民共建基金。该基金的融资对象主要是已经发行的投资法人债券的再融资资金。

如表 5.2 所示，有关投资法人的合并制度明确后，各投资法人通过合并以扩大规模和提高信用度。还有的投资法人通过更换发起人来提高信用度。

如此，通过行业重整的手段，投资法人的信用度回升，资金调配环境改善，J-REIT 市场也慢慢恢复平静。

行业重整的动向（从混乱期到恢复期）

如上所述，为了摆脱次贷危机后的混乱期，投资法人间的合并不断实施。以 2010 年 2 月东京成长（Grows）REIT 投资法人和 LCP 投资法人合并为无敌（Invincible）投资法人为开端，至 2013 年 9 月 30 日，共计发生了 9 起合并案（如表 5.3 所示）。

合并具有许多优点，此处就“负商誉”（negative goodwill）予以说明。负商誉是指购买某企业或业务时的实际支付金额低于该企业或业务的净资产的差额。在 J-REIT 领域，被收购的 J-REIT 净资产价格高于购买价时，二者之间的差额就作为会计计算上的收益。但是该收益不是税务上的所得收入，所以不用纳税，通过从分配收益中扣除等措施，可以不作为分配金额一次性分配。原则上，J-REIT 的收益是不得内部保留的，但是仅在合并投资法人的情形下，允许从下一会计年度开始保留基于负商誉的收益，直至必要时再予以拆分。

表 5.3　合并事例一览表

合并时间	存续的投资法人	注销的投资法人
2010 年 2 月	无敌投资法人①	LCP 投资法人
2010 年 3 月	发展住宅（Advance Residence）投资法人②	日本住宅（Residential）投资法人
2010 年 3 月	日本商业基金房屋住宅（Retail Fund）投资法人	拉萨尔日本（Lasalle Japan）投资法人

续表

合并时间	存续的投资法人	注销的投资法人
2010 年 4 月	大和房屋住宅（House Residential）投资法人③	新城住宅投资法人
2010 年 7 月	日本租赁住宅投资法人	普罗斯佩克（Prospect）REIT 投资法人
2010 年 10 月	平和不动产 REIT 投资法人④	日本单体住宅（Japan Single Residence）投资法人
2010 年 12 月	城市联盟（United Urban）投资法人	日本商业（Commercial）投资法人
2011 年 11 月	一期（Ichigo）不动产投资法人⑤	一期不动产投资法人
2012 年 4 月	日本酒店（Japan Hotel）REIT 投资法人⑥	日本酒店和度假村（Japan Hotel And Resort）投资法人

注①：合并前名称是东京成长 REIT 投资法人。

注②：发展住宅投资法人和日本住宅投资法人合并后新设的投资法人，此处将发展住宅投资法人作为存续的投资法人。

注③：合并后的 BI 生活（BI Life）投资法人名称变更后的投资法人。

注④：合并前的名称是渐强（Crescendo）投资法人。

注⑤：合并前的名称是 FC 住宅（FC Residencial）投资法人。

注⑥：合并前的名称是日本酒店基金（Hotel Fund）投资法人。

多数合并投资法人都将合并时产生的负商誉加以利用，进行物业的更换，整理资产组合。过去往往避免出售账面价值较高的物业（基金泡沫期时购入的高价物业等），是因其会产生很高的售出损失，造成分配金额大幅下降。但是，通过拆分负商誉来填补出售损失，就可以在维持分配金额不变的情况下，完成资产组合的整理。另外，在公募增资时，增加发行投资份额会造成暂时性的单位投资份额分配收益减少（称为投资份额的稀释），此时利用负商誉补充分配金，就可以防止稀释。此外，负商誉也可用于减值损失、灾害损失、翻新损失等固定资产损失，来稳定分配金额。

新上市的复活（市场再扩张期）

如表 5.3 所示，投资法人的合并在次贷危机后接连不断，但另一方面，自 2007 年 10 月的“产业基金投资法人”上市以后，就再无新上市的 REIT 了。此后 REIT 的只数从峰值时的 42 一路减少，直到 2012 年 4 月凯尼迪克斯住宅（Kenedix Residential）投资法人的上市，终于在时隔 4 年半后才再次出现新上市的 REIT。此后，REIT 的只数再次开始反弹增加。2012 年 4 月以后新上市的 REIT 如表 5.4 所示。

2012 年度共计 6 只 REIT 新上市。进入 2013 年后，截至 2013 年 10 月 31 日，野村不动产母基金（Master Fund）投资法人、星野度假村（Resort）REIT 投资法人、SIA 不动产投资法人这 3 家新上市（2013 年 10 月 31 日的产品数量合计 42 个），并且还有数个投资法人的上市计划被报道，市场扩大的期待不断高涨。

J-REIT 市场经历了市场开端的初创期、因基金泡沫而规模扩大的市场扩张期、次贷危机前后的混乱期和次贷危机后的恢复期，正迈向新的发展阶段。

在不动产市场中不断提升存在感的 J-REIT

J-REIT 诞生了十几年，其资产规模已经超过了 10 万亿日元。

图 5.6 是东证公开的交易中，J-REIT 作为买方的交易比例（以交易额计算）。近年来，J-REIT 作为买方的存在感增强，有力地支撑着不动产市场。J-REIT 交易需要公开各物业的评估价格、预计收益支出、入驻率等详细信息，所以也成为其他不动产交易的标准，为不动产市场提高透明性做出了贡献。

表5.4　2012年4月以后的新上市产品（含预定上市）

投资法人名称	上市日期	资产运营公司	投资对象	起始物业数量/购买价格
凯尼迪克斯住宅投资法人	2012/4/26	凯尼迪克斯不动产投资顾问株式会社	住宅	20 个/约 305 亿日元
阿特维亚不动产（Activia Properties）投资法人	2012/6/13	东急不动产阿特维亚投信株式会社（东急不动产株式会社的全资子公司）	商业设施、办公楼	18 个/约 1 704 亿日元
大和房屋（House）REIT 投资法人	2012/11/28	大和房屋 REIT 管理株式会社（大和房屋工业株式会社的全资公司）	物流设施、商业设施	24 个/约 1 145 亿日元
普洛斯投资法人	2012/12/21	普洛斯日本顾问株式会社（GL 不动产株式会社 98%、普洛斯资本合同会社 1%、普洛斯资本日本私人有限公司 1%）	物流设施	30 个/约 2 087 亿日元
科佛里亚（Comforia）住宅投资法人	2013/2/6	东急不动产科佛里亚投信株式会社（东急不动产株式会社全资子公司）	住宅	53 个/约 712 亿日元
日本安博 REIT 投资法人	2013/2/14	安博 REIT 管理株式会社（安博株式会社全资子公司）	物流设施	12 个/约 1 730 亿日元
野村不动产母基金投资法人	2013/6/12	野村不动产投资顾问株式会社（野村不动产控股株式会社全资子公司）	物流设施、商业设施	54 个/约 2 276 亿日元

续表

投资法人名称	上市日期	资产运营公司	投资对象	起始物业数量/购买价格
星野度假村 REIT 投资法人	2013/7/12	星野度假村资产管理（Resort Asset Management）株式会社（星野度假村株式会社全资子公司）	酒店、旅馆	6 个/约 150 亿日元
SIA 不动产投资法人	2013/10/9	新普莱克斯 REIT 合作伙伴株式会社（新普莱克斯投资顾问株式会社全资子公司）	办公楼、商业设施	20 个/约 747 亿日元

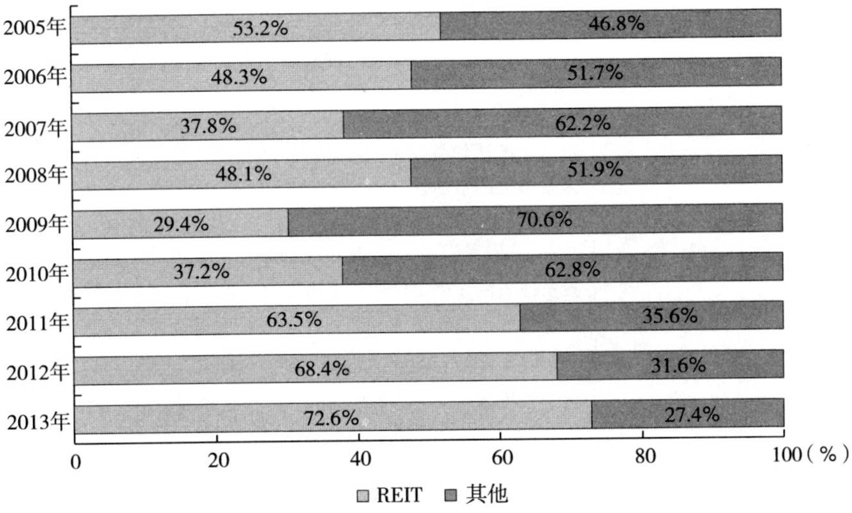

图 5.6　东证公开交易中，J-REIT 作为买方的交易比例（以交易额为基准）

注：以截至 2013 年 8 月末的新闻公告为统计对象。

资料来源：东京证券交易所。

投资法人法制改革的动向

如第 5 章的“债权融资”部分所述，通过反思 J-REIT 在行情恶化时资金筹措上的窘境，在 2013 年 6 月 12 日通过的《金融商品交易法等部分修改法案》中，修订了《投信法》，谋求改革投资法人的法律制度。修改内容如下（见表 5.5）。

表 5.5　投资法人法律制度的修改

①　资金调配/资本政策手段的多样化	
修改前的状况	和国外相比，投资法人的资金调配和资本政策受到较多制约
修改的内容	回购自己的投资份额、引入面向投资方的定增（right offering）等资金调配和资本政策手段的多样化
②　投资法人的管理的强化	
修改前的状况	发起人对投资法人的资产运营施加影响，可能损害投资人的利益
修改的内容	投资法人从利益相关方获得投资物业的，需要获得投资法人董事会的事前认可
③　内幕交易规制的导入	
修改前的状况	投资法人的投资份额即使上市，也和股票不同，不属于内幕交易的禁止对象
修改的内容	将上市投资法人的投资份额纳入内幕交易的禁止对象
④　便于投资法人购买海外不动产的措施	
修改前的状况	通过投资法人投资海外不动产需求的存在
修改的内容	除投资法人直接获得海外物业外，增加允许通过 SPC 进行的间接获得的途径

资料来源：《关于金融商品交易法的部分修改的说明资料》（平成 25 年 6 月金融厅）。

投资法人法律制度的主要修改内容是“资金调配/资本政策手段的多样化”，引入了以往原则上被禁止的行为，如回购投资份额、针对原股东进行定增、无偿减额等，扩大了资金调配与资本政策的选择面。

第一，关于回购投资份额。这在投资份额价格低迷时比较有效。投资法人收购自身的投资份额，向市场传达出己方公司的投资份额很便宜的信息（宣传示范效应），同时有望以便宜的价格获得投资份额，提高净资产值和投资效率。

第二，关于针对原股东进行定增。定增是指通过向已有的股东无偿提供新的投资份额认购权来增资的方法。原股东可以选择是否行使新投资份额认购权。如果行使，则支付资金购买投资份额，如果不行使，则可以在市场上出售认购权。

公募增资时，由于大量发行新投资份额可能导致已有的投资份额被稀释，如今导入定增，向原股东发行新投资份额认购权，可以在某种程度上防止已有投资份额的稀释，亦可谓为原股东考虑的做法。

第三，无偿减额是指，由于发生了待处理的损失，出资总额的合计额超出净资产额，超出部分可作为损失从出资总额中扣除。例如股份公司用资本金填补亏损金额的做法。

J-REIT 的投资特征（用途、区域、各产品投资规模）

那么，J-REIT 投资于哪些类型的不动产呢？另外，各个 REIT 的投资规模又有多少呢？

首先，我们看一下 J-REIT 市场整体的投资用途。从购买价格来看，单体物业金额很大的大型办公楼约占一半左右（如图 5.7

所示），而从物业数量来看，则是投资于住宅类的较多（如图 5.8 所示）。

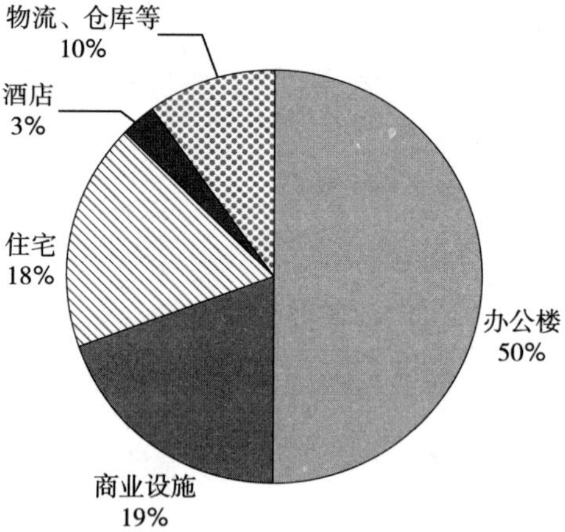

图 5.7　截至 2013 年 6 月末的 J-REIT 的投资用途（以购买价格为基准）

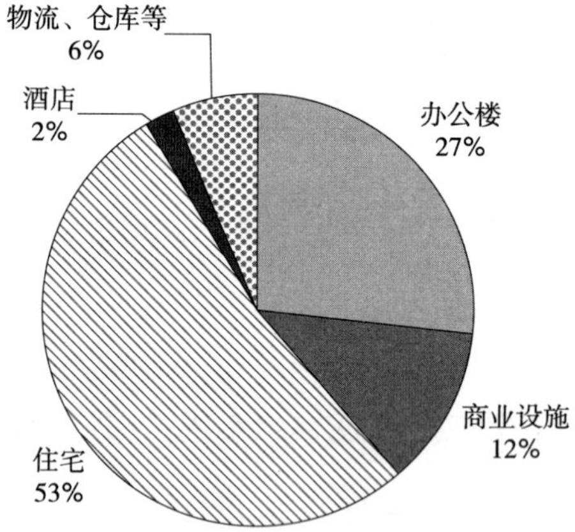

图 5.8　截至 2013 年 6 月末的 J-REIT 的投资用途（以数量为基准）

根据投资区域来看，特点是向首都圈的投资占了大部分（见图 5.9）。

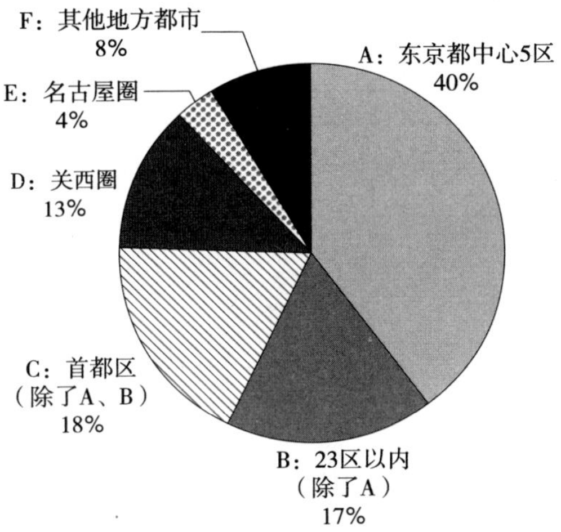

图5.9　截至2013年6月末的J-REIT的投资区域（以购买价格为基准）

其次是各REIT资产规模和投资用途一览（按资产规模由多到少排列，见表5.6），单只REIT的规模在1 000亿日元到5 000亿日元的占比最多。

表5.6　各产品的资产规模和投资用途一览表

保有资产总额	投资法人名称	最大出资支持方	主要投资对象的用途
1万亿日元以上	日本房产基金投资法人	三井不动产株式会社	办公楼
5 000亿日元—1万亿日元	日本不动产投资法人	三菱地所株式会社	办公楼
	日本商业基金投资法人	三菱商事株式会社	商业设施
	城市联盟投资法人	丸红株式会社	商业设施、办公楼、酒店、住宅、其他
3 000亿日元—5 000亿日元	日本普莱姆莱利（Prime Reality）投资法人	东京建物株式会社	办公楼、商业设施
	发展住宅投资法人	伊藤忠商事株式会社	住宅

续表

保有资产总额	投资法人名称	最大出资支持方	主要投资对象的用途
	欧力士不动产投资法人	欧力士株式会社	办公楼、物流设施、商业设施、住宅、其他
3 000 亿日元—5 000 亿日元	野村不动产办公楼基金（Office Fund）投资法人	野村不动产控股株式会社	办公楼
	大和证券办公楼投资法人	株式会社大和证券集团本社	办公楼
	森信托综合 REIT 投资法人	森信托株式会社	办公楼、商业设施、住宅、酒店
	凯尼迪克斯不动产投资法人	凯尼迪克斯株式会社	办公楼、其他
	日本安博 REIT 投资法人	安博株式会社	物流设施
	前沿（Frontier）不动产投资法人	三井不动产株式会社	商业设施
2 000 亿日元—3 000 亿日元	日本住宿基金（Accommodation Fund）投资法人	三井不动产株式会社	住宅
	日本卓越（Japan Excellent）投资法人	新日铁兴和不动产株式会社	办公楼、其他
	森丘（Hills）REIT 投资法人	森楼宇（Buildings）株式会社	办公楼、住宅、商业设施
	普洛斯投资法人	GL 不动产株式会社	物流设施
	大和房屋住宅投资法人	大和房屋工业株式会社	住宅
	东急不动产投资法人	东京急行电铁株式会社	办公楼、商业设施
	野村不动产母基金投资法人	野村不动产控股株式会社	物流设施、商业设施

续表

保有资产总额	投资法人名称	最大出资支持方	主要投资对象的用途
1 000 亿日元—2 000 亿日元	普莱米尔（Premier）投资法人	NTT 都市发展株式会社	办公楼、住宅
	顶尖（Top）REIT 投资法人	三井住友信托银行株式会社	办公楼、商业设施、住宅
	阿特维亚不动产投资法人	东急不动产株式会社	商业设施、办公楼
	日本物流基金（Logistics Fund）投资法人	三井物产株式会社	物流设施
	产业基金投资法人	三菱商事株式会社	物流设施、基础设施
	福冈 REIT 投资法人	福冈地所株式会社	商业设施、办公楼、其他
	第一环球（Global One）不动产投资法人	明治安田生命保险互相株式会社	办公楼
	日本租赁住宅投资法人	亚珀林格控股（Apple Ringo Holdings）BV	住宅
	日本酒店 REIT 投资法人	洛克莱斯私人有限公司（Rockrise Sdn. Bhd.）	酒店
	MID REIT 投资法人	MID 都市开发株式会社	办公楼、其他
	野村不动产住宅投资法人	野村不动产控股株式会社	住宅
	积水房屋 SI 投资法人	积水房屋株式会社	住宅、商业设施
	平和不动产 REIT 投资法人	平和不动产株式会社	办公楼、住宅
	阪急 REIT 投资法人	阪急电铁株式会社	商业设施、办公楼
	大和房屋 REIT 投资法人	大和房屋工业株式会社	物流设施、商业设施
	一期不动产投资法人	一期集团控股株式会社	办公楼、住宅、商业设施、酒店

续表

保有资产总额	投资法人名称	最大出资支持方	主要投资对象的用途
不到 1 000 亿日元	无敌投资法人	卡利俄佩（Calliope）株式会社	住宅、其他
	科佛里亚住宅投资法人	东急不动产株式会社	住宅
	斯塔斯普罗希德（Starts Proceed）投资法人	斯塔斯集团（Starts Corporation）株式会社	住宅、其他
	凯尼迪克斯住宅投资法人	凯尼迪克斯株式会社	住宅
	星野度假村 REIT 投资法人	星野度假村株式会社	酒店、旅馆

注：2013 年6 月末（仅2013 年7 月12 日上市的星野度假村 REIT 投资法人根据上市时的信息予以记载），最大出资支持方根据运营投资法人的 AM 公司的出资比例中最大的出资方予以记载。

资料来源：2013 年 7 月的地动产证券化协会 J-REIT 报告第 44 卷、星野度假村 REIT 投资法人招股说明书、各投资法人网站主页有价证券报告书。

全球的 REIT

世界各国的 REIT 制度

1960 年，REIT 开始在美国制度化，至 2000 年，其已经在 11 个国家创设。2000 年后，在全球化背景下，其市场规模进一步扩大。在 2000 年上半年，REIT 的创设是以韩国、中国香港、中国台湾等亚洲地区为中心的，2001 年 3 月，J-REIT 市场在东京证券交易所开设，而在 2000 年下半年，REIT 的创设则是以英国、德国、意大利等欧洲地区为中心的，到 2013 年 3 月为止，REIT 市场已经遍布世界 24 个国家。各国 REIT 的制度比较如表 5. 7 所示。

表 5.7　各国 REIT 的制度比较

国名	制定时期（年）	基金形态			资金要件			
		上市/非上市	封闭式/开放式	外部管理型/内部管理型	不动产的比例	事业活动	分配条件	通道性结构
美国	1960	均可	封闭式	均可	75%以上	可开发	90%以上	转付（pay through）
澳大利亚	1971	均可	封闭式	外部管理型	无	原则上不可	无	传递（pass through）
新加坡	1999	均可	封闭式	外部管理型	75%以上	可开发（以总资产的 10%为限）	90%以上	转付
日本	2000	均可	均可	外部管理型	75%以上	自行开发或建造的宅地或建筑物不得用于交易	超 90%	转付
中国香港	2003	上市	封闭式	均可	100%	不可开发（投资未完物业不得超过净资产的 10%）	税后利润的 90%以上	纳税
英国	2007	上市	封闭式	均可	75%以上	可开发（有限额）	90%以上	免税

注：传递结构：投资主体（REIT）并非纳税对象，仅以投资人为纳税主体。
　　转付结构：投资主体是纳税对象，但是在一定条件下可以将分配收益计算入损失，避免双重课税。

为充实 REIT 的导管性特征，解决不可或缺的避免双重课税问题，所有国家的 REIT 制度都是以税法为基础的。这些国家分为以税法为基础对 REIT 进行制度化的国家和结合税法再另行制定 REIT 相关法的国家。日本的做法是以企业所得税法为基础，另外制定了《投信法》。

从性质上看，许多国家都要求 REIT 需要达到一定的分红比例，对不动产的投资也要达到一定比例以上。另外，从保护投资人的观点出发，对房地产开发等高风险业务的投资在多数国家被限制或禁止，REIT 的基本业务是不动产的购买、租赁、出售等。就日本而言，禁止用 REIT 建造住宅或从事与自建建筑物相关的交易。

避免双重课税的导管性方式，包括传递结构、转付结构、税收免除等。在美国也有以支付收益可在税务上作为亏损予以抵扣的转付结构的情况，采用转付结构的国家在过去是主流。但是近年来，需满足一定条件后才予以免除纳税的方式逐渐成为主流，如在 2007 年创设 REIT 的英国等国家采用的就是这种方式。

至 2013 年年末，世界上有 24 个国家已经有上市的 REIT 市场，总市值换算为日元约为 108.1 万亿日元（数量为 658 个）。如果按地区区分，美洲地区约占 64%、亚洲 - 大洋洲地区约占 23%、欧洲地区约占 12%（见图 5.10），美洲地区虽然只有 4 个国家，但在全球范围内占比较高。

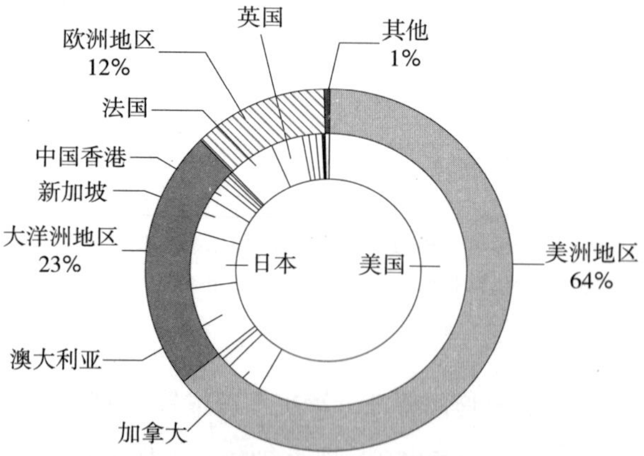

图 5.10　以全球地区分类的股票市价总额的比率（2013 年 3 月）

资料来源：一般社团法人不动产证券化协会。

按照国家区分，美国所占比重最大，约63万亿日元，占全世界的58%，日本约7.2万亿日元，占全世界的6.7%，居世界第三位。

从全世界REIT市场的市值总额的变化（见图5.11）看，2007年3月末达到约96万亿日元。之后，在次贷危机的影响下，到2009年3月末时约为29万亿日元，市场规模在两年间缩小了1/3。随后市场渐渐恢复，到2013年3月末，达到108.1万亿日元的最高纪录，形成了以2009年3月末为低点的V字形。在市场触底时，美国、澳大利亚、英国等国积极地发行公募增资，以充实资本。在金融危机时，相比于实物不动产市场和私募市场，从证券市场来调配资金，可以让市场恢复得更快，这证明了REIT市场的抵抗力。

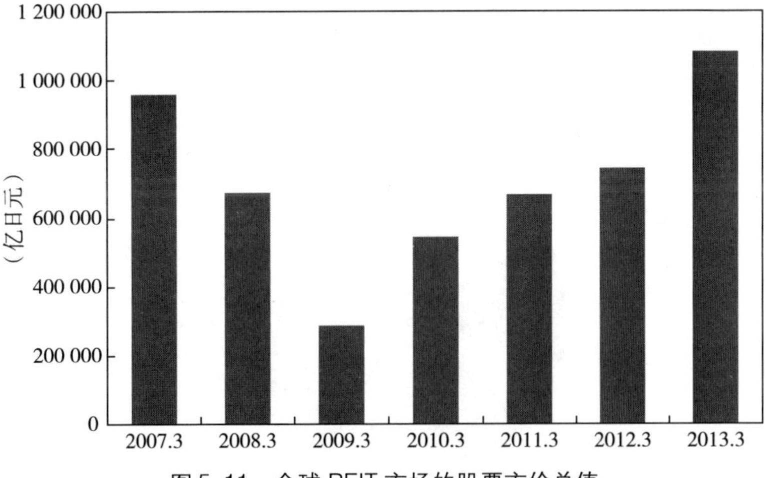

图5.11　全球REIT市场的股票市价总值

资料来源：一般社团法人不动产证券化协会。

US-REIT（美国）

我们来看看世界上历史最久的US-REIT（美国REIT）。

相对于J-REIT的投资载体是基于投资法人的特别法而设置的法人，US-REIT是根据各州的公司法设立的普通企业来雇用员工进行持有不动产的 AM 业务的。

US-REIT 和 J-REIT 一样适用将分配收益视为亏损的制度，而为满足这个条件，仅仅在税务上受到一定限制（分配收益的比例和业务范围），在法人人格上和其他公司没有差别。

因此，一般不动产公司满足了分配收益视为亏损的条件后，就变成适用该制度的 REIT，相反，如果 REIT 不满足要件就变回普通公司。因为在日本，为组成 J-REIT 而设置了特别的载体进行投资，因此，可将 J-REIT 视为不动产证券化的代表。但是，在美国，没有类似的 REIT 组建的手续，所以不一定有 REIT 等于不动产证券化的认识。在美国谈到不动产证券化产品，多数还是指 CMBS 和 RMBS。US-REIT的投资用途如图 5. 12 所示。

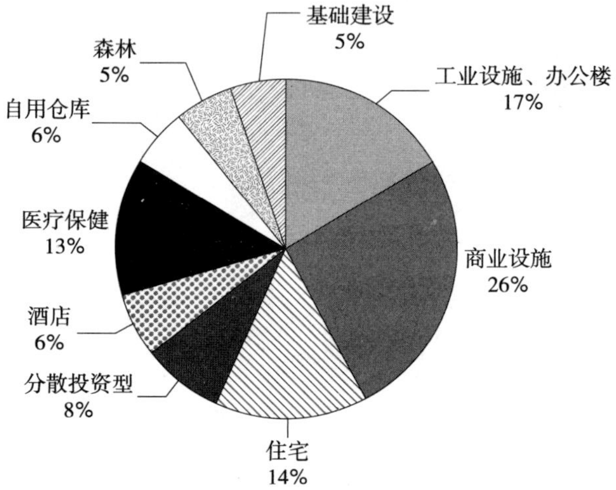

图 5. 12　US-REIT 的投资用途（2013 年 5 月末）

资料来源：全美不动产投资信托协会（NAREIT）REIT 观察（REIT-Watch）。

US-REIT 的主要板块有：办公楼、产业设施、商业设施、住宅、分散型投资、酒店、自用仓库、健身保健设施、森林、基础设施等。

特定投资板块的特定型REIT，投资商业设施、办公楼和住宅的居多，非特定的分散投资型REIT占市值总额的比例不到1/10。此外，相比J-REIT，US-REIT投资的不动产用途更广泛，如家庭餐馆、便利店、加油站、电影院、学校等。

S-REIT（新加坡）

将目光转向亚洲，在新加坡证券交易所上市的S-REIT可谓极具存在感。J-REIT虽没有制度的限制，但由于各种各样的制约而只能投资日本国内市场。与此相比，S-REIT不仅投资新加坡本土，而且在马来西亚、中国、印度等外国不动产的投资也十分活跃。投资日本不动产的就有2007年上市的最善不动产投资信托（Saizen Real Estate Investment Trust）以及和日本的不动产公司等进行战略合作的浩正零售信托（Croesus Retail Trust）。S-REIT中有类似这样以日本的不动产为核心资产包的REIT，资产规模可见一斑。表5.8是近几年报道的S-REIT购买日本不动产的实例，对租赁物业、商业设施、养老设施、酒店式公寓、物流设施等的投资都有，作为日本不动产市场的买家具有相当突出的表现。

表5.8　S-REIT投资日本不动产市场的实例（2010年以后）

报道日	物业名称	买主	所在地	总价格（百万日元）	用途
2010年3月	洛基资本（Logi Partners）柏第二物流中心	丰树物流信托（Mapletree Logistics Trust）	千叶县柏市	4 360	物流
2010年6月	仙台中心	丰树物流信托	宫城县仙台市	1 490	物流

续表

报道日	物业名称	买主	所在地	总价格（百万日元）	用途
2010 年 6 月	野方馆清爽（SAWAYAKA）等 5 个设施	百汇生命产业信托（Parkway Life REIT）	福冈县福冈市等	约 3 900	老年设施
2010 年 8 月	中浦和阿兹海姆（AZUHAIMU）等 4 个设施	百汇生命产业信托	埼玉县埼玉市等	3 087	老年设施
2010 年 8 月	岩规物流中心等两个设施	丰树物流信托	埼玉县埼玉市等	13 000	物流
2011 年 2 月	福馆清爽	百汇生命产业信托	福冈县北九州市	564	老年设施
2011 年 4 月	日本亚库西斯（Access）广岛低温物流中心	丰树物流信托	广岛县广岛市	7 300	物流
2012 年 1 月	新宿馨乐庭（Shitaden，持有物业 SPC 60% 的出资份额）	雅诗阁公寓信托（Ascott Residence Trust）	东京都新宿区	2 700	公寓
2012 年 1 月	城西花朵公寓（Flower Mansion）	最善 REIT	熊本县熊本市	902	公寓
2012 年 3 月	田园调布帕尔姆斯（The Parmus）	最善 REIT	东京都大田区	560	公寓
2012 年 3 月	东神乐馆清爽等两个设施	百汇生命产业信托	北海道东神乐町等	3 000	老年设施
2012 年 4 月	京都乌丸五条馨乐庭（持有物业 SPC 60% 的出资份额）	雅诗阁公寓信托	京都府京都市	1 200	酒店

续表

报道日	物业名称	买主	所在地	总价格（百万日元）	用途
2012 年 4 月	名古屋希尔顿（Hilton）	酒店服务信托公司（M&L Hospitality Trust）	爱知县名古屋		酒店
2012 年 6 月	八丁崛埃姆斯（Amusu）等 3 个设施	最善 REIT	东京都中央区等	2 666	公寓
2013 年 4 月	菖蒲莫拉吉（Moraju）等 3 个设施	浩正零售信托	埼玉县久喜市	50 198	Mall
2013 年 5 月	北十四条大宫殿（Big Palace）等 10 个设施	雅诗阁公寓信托	北海道札幌市	9 200	公寓

资料来源：日经不动产市场信息。

第六章

不动产基金的动向之三：开放式基金（私募REIT）

私募 REIT

私募 REIT 是指非上市的不动产投资信托。在第 4 章中所介绍的私募基金虽然符合长期稳定运营的要求，但在出售其持有的不动产时，根据终止基金时的市场情况的不同，可能会承担资产损失的风险。此外，投资单位的门槛最低也达到数亿日元、变现不自由等都是投资者需要面临的问题。

相对来说，J-REIT 可以采用小额投资，变现更方便，但由于上市交易的原因，其与股市的关联性高，存在较大的价格变动风险。因此，将私募基金和 J-REIT 的风险予以消减，响应长期稳定运营的需求，出现了利用非上市的私募投资法人为载体的开放式私募基金（私募 REIT）。

私募 REIT 和 J-REIT 一样，是依据《投信法》设立的载体，通过借款和增资筹集资金并购买不动产，在每个结算期向投资人支付分配收益等一系列的流程也要具备。

但是，在汇集金融机构和年金基金投资者时，私募 REIT 具有 J-REIT和私募基金所没有的优势。第一，运营期限没有限制。私募 REIT 是以运营期限没有限制的投资法人为主体的，因此可以自由选择出售持有不动产的时机，不易受到短期不动产市场变化的影响。

第二，价格变动较小。私募 REIT 投资份额价格，是根据在每个结算期购买的不动产评估价格而算出的基准价格决定的，因此受资本市场的影响相对较小，投资份额价格不易大幅变动。另外，作为以长期投资为前提的投资人，正好也不需要时刻计算价格。

表 6.1　J-REIT、私募 REIT 与私募基金的异同

	J-REIT	私募 REIT	私募基金
最低投资额	数万日元左右	1 亿日元左右	5 亿日元左右
募集/投资时间	随时	一般固定期限	一般仅组成时
流动性	高	中	低
运用期间	无期限	无期限	5 年左右
价格变动	大	小	小
价格决定	证券交易所的交易价格（每日公布）	鉴定评估价（每年 2～4 次）	

私募 REIT 是为对冲 J-REIT 和私募基金的风险而推出的一种模式，但其本身也并非没有问题。最大的课题就是投资人需要回收资金时如何变现，即流动性担保的问题。

流动性担保的方式，有投资人之间买卖投资份额以及要求投资法人回购这两种方法。如同 J-REIT 有可交易的证券交易市场一样，第一种方法有效运作的前提是需要形成交易的市场，这就要求私募 REIT 进一步扩大市场。至于第二种方法，私募 REIT 和 J-REIT 一样可以将折旧费相应的费用予以内部保留，该部分资金可以被用于回购。但是内部保留资金需要用于支付持有物业的修缮费、分配收益，须有战略地使用。因此，为防止万一，有的私募 REIT 会配置些小型物业，必要时可以快速出售。

J-REIT、私募 REIT 和私募基金的主要特征归纳如表 6.1 所示。

私募 REIT 产品的比较

2011 年，日本国内首个私募 REIT“野村不动产私人投资法人”开始运营，到 2013 年 4 月为止，共有 6 个 REIT 产品在运营中，整体资产规模以获取资产时的价格为基点计，已经扩大到 3 281 亿日元。

表 6.2 为这 6 个产品的内容概要汇总。首先，其在初期运营的资产规模大致都是从 200 亿~300 亿日元开始的。其次，其共性在于都将分红回报率基准设定在 4% 左右，*LTV* 基准设定在 30% ~40% 的程度。野村不动产投资顾问株式会社还运营着野村不动产办公楼基金投资法人、野村不动产住宅投资法人、野村不动产母基金投资法人这 3 只上市 REIT，每只 REIT 的 *LTV* 上限设定为 60%，相比而言，可知私募 REIT 的 *LTV* 水准较低。

综上所述，私募 REIT 的产品数量少且共性多，除不动产公司外，还有投资银行和综合商社等发起主体的参与。而随着参与方的多样化，私募 REIT 的运营方针也开始呈现差异化，如以住宅为投资对象的私募 REIT“大和证券住宅私人投资法人”在 2013 年 3 月开始设立。

表 6.2　各私募 REIT 的概要

名称	野村不动产私人投资法人	日本开放（Open－End）不动产投资法人	三井不动产私人投资法人	日本私人 REIT 投资法人	梦想私人（Dream Private）REIT 投资法人	大和证券住宅私人投资法人
设立母体	野村不动产	三菱地所	三井不动产	高盛资产管理（Goldmansachs Asset Management）	三菱商事	大和证券

续表

运营开始时期	2010 年 11 月	2011 年 3 月	2012 年 3 月	2012 年 9 月	2012 年 10 月	2013 年 3 月
投资对象	综合性	办公楼、住宅、商业	办公楼、主住宅、商业、物流	办公楼、住宅、商业	围绕首都圈的商业、物流、住宅、办公楼	东京都地区、首都圈、大都市圈的住宅
预计借款价值比	30%左右	35 ~45%	40% 左右	不到 50%	40% 左右	40% 左右
预计利益分配率	4%左右	4% 左右	4% 左右	4% ~5%左右	4% ~4. 5%	超过 4%
最初资产规模	约 200 亿日元	约 300 亿日元	约 727 亿日元	约 250 亿日元	约 317 亿日元	约 250 亿日元
	▼	▼	▼	▼	▼	▼
资产规模（至 2013 年 7 月止）	500 亿日元	1 069 亿日元	1 433 亿日元	300 亿日元	460 亿日元	251 亿日元

专栏　对三菱地所投资顾问株式会社的采访

我们对 2011 年 3 月开始运营日本的开放不动产投资法人——三菱地所投资顾问株式会社的基金管理部常务董事、基金管理部部长桑原，就设立的经过和今后的发展进行了采访。

本公司是从 2007 年左右开始讨论设立私募 REIT 的，讨论开始后，我们认为次贷危机造成不动产市场的巨变，设立过去的有期限型私募基金并不合适，需要提供退出风险较小的新型不动产投资产品，并做了慎重的研究。但是，私募 REIT 刚开始运营时，并没有得到投资人的充分理解。虽说私募 REIT 不上市，相比 J-REIT的价格变动较小，而且运营期限没有限制，所以投资行为不容易在退出时受到短期不动产市场和金融市场的波动影响，但其仍然存在流动性低且没有历史业绩（或较短）等缺点。此外，还有投资人对不动产市场恢复征兆不明等投资不动产本身的可靠性持怀疑态度。

如今，不动产市场趋于恢复，除上述优点外，私募 REIT 的最低投资份额相对较小，且预设了定期的增资安排，因而相比于私募基金，有更为充足的投资时间可以确保，投资时机也较分散，因而受不动产价格变动影响的风险较小，有利于吸引以金融机构、年金基金为主的投资人的资金。另外，随着私募 REIT 产品数量的增加，其稳定的收益分配业绩，投资份额的价格推移业绩发展的记录，也使得投资方愿意承担流动性风险，将对 J-REIT 的投资资金部分转到私募 REIT 的投资方不断增加。

本公司从运营开始至今的约两年间，资产规模扩大到约 1 000 亿日元，借助支持方三菱地所和三菱地所集团的综合实力，寻求和其他私募 REIT 的差异化运营，中长期目标是达到 3 000 亿～5 000 亿日元的规模。而且在日本国内的私募 REIT 市场还处在蓝海阶段，和 J-REIT 相比产品数量也少，本公司愿意作为先驱者为私募 REIT 的整体发展贡献力量。

第七章

支撑不动产证券化的法律制度

与不动产证券化有关的《金商法》

不动产证券化和《金商法》的关系

随着不动产证券化的普及，由交易实物不动产转为交易信托受益权的情形增加。此外，在不动产投资市场的成长过程中，各种各样的投资人或参与人开始参与到不动产投资市场中，因而要求建立公正、透明的市场，“保护投资人”的需求也随之产生。在此过程中，《金商法》作为概括性规制投资性较强的金融商品的综合性投资服务法规，于2007年9月30日起施行。由于《金商法》亦适用于不动产证券化商品，特别是作为不动产证券化关键要素的信托受益权也是《金商法》的规制对象，不动产证券化架构中的各参与人均受到了一定程度的影响。因此理解不动产投资，不仅需要掌握不动产相关知识，还需要掌握《金商法》相关知识。

那么，《金商法》是什么样的法律呢？《金商法》是以国民经济的健康发展和保护投资人为目的，将迄今为止的有价证券交易的《证券交易法》及《有价证券投资顾问法》等法律法规予以修改，并将多样化的金融商品和服务相关的交易规则进行一体化规制的法律。其修正时的两大要点为贯穿化（对高投资性金融商品和服务进行无间隙的同等规制等）和灵活化（对所谓的专业投资人和一般投资人实施不同的规制，并且根据商品类型区分不同规定等）。

表 7.1　规制业务的贯穿化

	从前的法律依据	
	《证券交易法》	证券业（原则注册制）
	《金融期货交易法》	金融期货交易业（注册制）
销售和吸引顾客	《商品基金法》	商品投资销售业（许可制）
	《信托业法》	信托受益权销售业（注册制）
	（新加入）	集团投资计划份额的自募集
投资建议	《有价证券投资顾问法》	证券投资顾问业（注册制）
	《有价证券投资顾问法》	关于全权委托投资协议的业务（认可制）
投资运营	《投资信托及投资法人法》	投资信托委托业投资法人资产运用业（认可制）
	（新加入）	集团投资计划资产自营
资产托管	（证券公司等的附加业务）	有价证券托管

→ 金融商品交易业（注册制）

《金商法》施行前，证券业、商品投资销售业、信托受益权销售业等分别存在不同的法律依据，但是《金商法》施行后，集团投资架构份额的自行募集以及自行运营都归集到金融商品交易业（见表 7.1）。

《金商法》的规制对象

《金商法》规制的金融商品交易行为包括有价证券或金融衍生产品的相关交易行为、投资顾问、委托投资等。在此，我们就与不动产证券化有较深关系的有价证券的相关行为予以说明。

有价证券的分类

《金商法》定义的有价证券，根据其性质大致可将其分为两种

（《金商法》第 2 条第 1 项和第 2 项）。

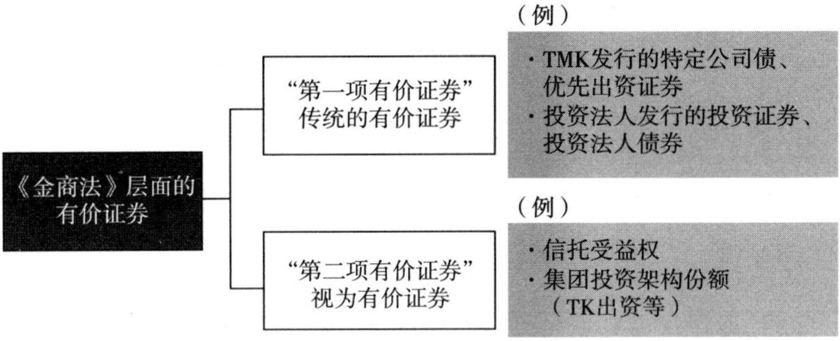

图 7.1　有价证券的分类

A 传统的有价证券

B 视为有价证券

A 是指以纸质形式发行的股票、公司债券等，以及其他以纸质形式发行的有价证券。B 是指如同信托受益权或 TK 出资等集团投资架构的份额，虽然其应载权利未记载于证券证书上，但基于保护投资人的目的，也被视为有价证券。

A 的特点是一般流动性较高，容易变卖，B 的特点是流动性较低，难以变卖。流动性较高的 A 被称为第一项有价证券，流动性低的 B 被称为第二项有价证券（见图 7.1）。

第一项有价证券中，与不动产证券化有关的有价证券包括 TMK 发行的特定公司债券、优先出资证券及投资法人发行的投资证券、投资法人债券等。第二项有价证券则包括信托受益权和集团投资架构份额等。

第二项有价证券（视为有价证券）

第二项有价证券（视为有价证券）中的"信托受益权"是指在信托期间收取信托财产产生的收益，或本金交付的权利。因此，在不动产证券化时，将实物不动产转化为信托受益权，信托受益权作为“视为有价证券”而受《金商法》各项规制的约束。

另外，“集团投资架构份额”是指将投资人出资的财产用于某业务，获取该业务产生的收益的权利，如 TK 出资等。

金融商品交易业者等的行业规制

金融商品交易业

金融商品交易业是指以金融商品交易行为作为主营业务的行为。

“金融商品交易行为”是指《金商法》第 2 条第 8 项列举的行为，例如自行销售有价证券或销售中介、代理等的行为。“作为主营业务”是指具有“对公众性”[①] 并且“反复性、持续性”的行为。因为有对“主营业务”的相关要求，因此个人投资人或一般事业法人实施的有价证券买卖等不属于金融商品交易业。

此外，金融商品交易从业人员将客户作为交易对象，或为客户实施金融商品交易行为的合同，称为金融商品交易合同（《金商法》第 34 条）。

金融商品交易业者等的行业规制

表 7.2　注册与否的要件（《金商法》第 29 条第 4 项等）

	第一种金融商品交易业	投资运用业	第二种金融商品交易业	投资建议和代理业
人的构成要件	有			
法人要件	有（股份公司）		无	

① 对公众性是指在交易中以不特定的多数人为直接对象。

续表

		第一种金融商品交易业	投资运用业	第二种金融商品交易业	投资建议和代理业
财产要件	最低资本金和出资要件	有 （5 000 万日元 ~ 30 亿日元）	有 （5 000 万日元）	（法人） 有 （1 000 万日元）	无
	净资产要件	有 （5 000 万日元 ~ 30 亿日元）	有 （5 000 万日元）	无	无
	自身资本要件	有 （120% 以上）	无	无	无

注：需要损失危险管理的有价证券的原承销业务……30 亿日元。
除此之外的原承销业务……5亿日元。
除此之外的第一种金融商品交易业……5 000 万日元。

金融商品交易业者是指取得内阁总理大臣的注册登记后从事金融商品交易业的人（《金商法》第 2 条第 9 项第 29 条）。

《金商法》所指的金融商品交易业分为：

- 第一种金融商品交易业。
- 第二种金融商品交易业。
- 投资咨询、代理业。
- 投资管理业。

各行业对登记注册的人员要件或财产要件，以及可从事的有价证券种类或金融商品交易行为均有限制，这些限制被称为行业规制。

如表 7.2 所示，依据《金商法》进行登记注册的要件中，第一种金融商品交易业最为严格，投资管理业、第二种金融商品交易业、投资咨询、代理业则依次逐渐放宽，可见会依据行业内容采取灵活的准入规制。

第一种金融商品业包括买卖或承销国债、股票、公司债券等流通性较高的第一项有价证券等高级别的业务内容，因此注册条件较为严格。

第二种金融商品交易业的业务包括 TK 出资等集团投资架构份额的募集和私募（自行募集），以及信托受益权等第二项有价证券的买卖、销售中介或代理、募集和私募代销①等。

特别是在从事“信托受益权”的买卖或买卖中介（私募代销、中介、代理）业务时，需要进行第二种金融商品交易业的注册，这一要求对不动产证券化的实务产生了较大的影响。在此之前，进行信托受益权的买卖或买卖中介行为被定性为信托受益权销售业，受到《信托业法》的规制。但在《金商法》施行后，有价证券的定义中增加了信托受益权，信托受益权销售业并入金融商品交易业，需按照

① 私募代销是指为了有价证券的发行人，从事有价证券的购买推广活动。按照《金商法》的区分，在新发行的不动产信托受益权买卖中的中介行为属于“私募代销”，在已发行的不动产信托受益权买卖中的中介行为属于“中介”。

《金商法》的规定进行注册。第二种金融商品交易业的注册要件比信托受益权销售业的注册要件更加严格，因此就存在部分中小型宅地建筑物交易业者难以满足注册要件的情形。

投资咨询、代理业是指以如下行为为业：金融商品交易业者与客户签订《投资顾问合同》，根据合同提供咨询的行为，或是为签订《投资顾问合同》或《全权委托投资合同》提供代理、中介服务。投资咨询、代理业由客户自己进行投资决策，此处与下述投资管理业不同。

表7.3　金融商品交易业及其主要的业务内容

金融商品交易业类型	业务内容
第一种金融商品交易业 （《金商法》第28条第1项）	·有价证券的买卖（视为有价证券的除外） ·店面金融衍生品 ·一级承销 ·PTS（私设交易系统）业务①
第二种金融商品交易业 （《金商法》第28条第2项）	·集团投资计划份额的募集或私募 ·视为有价证券的买卖等 ·市场金融衍生品交易（关于有价证券的除外）
投资咨询和代理业 （《金商法》第28条第3项）	·基于投资顾问合同的有价证券价值等的相关咨询，基于金融商品价值等分析的投资判断相关的建议 ·投资顾问合同和全权委托投资合同的签订的代理、中介
投资管理业 （《金商法》第28条第4项）	·基于与投资法人等签署的资产运用委托合同或者全权委托投资合同的财产运营 ·经投资信托受益权证书等权利人授权后进行资产运用 ·经信托受益权、集团投资计划份额等的权利人授权后进行资产运用

注①：PTS业务是指使用电子信息处理系统同时以多数人为一方当事人或各方当事人，并按一定的买卖价格决定规则进行有价证券的买卖。

投资管理业是指以如下行为为业：投资法人的资产运用行为、全权委托投资管理行为、投资信托运营行为或基金运营管理行为等。投资管理业由金融商品交易业者进行投资决策。由于投资管理业担负着客户资产的运营这一重要使命，其注册条件的严格程度仅次于第一种金融商品交易业。

投资管理业中以不动产信托受益权为投资对象，抑或以主要向不动产信托受益权投资的集团投资架构份额为投资对象的业务被称为不动产相关特定投资管理业［关于金融商品交易业等的内阁府令（简称金商业等府令）第 7 条第 7 号］。从事“不动产相关特定投资管理业”的从业人员需完成国土交通省管辖的“综合不动产投资顾问业”注册，或者是能够从事同等业务的人员（金商业等府令第 13 条第 5 号、第 49 条第 5 号，金融厅告示第 54 号）。

因此，如果 GK-TK 架构中的 AM 公司进行投资管理业的注册，就应适用不动产相关特定投资管理业的规定。

注册金融机构

《金商法》原则上不允许银行、农林中央金库合作组织、保险公司等金融机构从事有价证券相关业务或投资管理业（《金商法》第 33 条第 1 项正文），但如果完成内阁总理大臣的注册，也可以从事部分有价证券相关业务（《金商法》第 33 条第 2 项）。完成注册的金融机构被称为注册金融机构。注册金融机构可从事的业务被限定在一定范围内，这承继了旧《证券交易法》中“银证分离”① 的惯例。

金融产品交易业者等的行为规范

贯穿性的行为规范

行为规范是指金融商品交易业者等在从事其业务时对一定的行为

① 银证分离是指银行业务与证券业务应由不同的金融机构运营的规定和惯例。

进行禁止或限制，或是对一定的行为、体系附加义务的规范。这些规定也反映了《金商法》修订中的“贯穿化”和“灵活化”等要点。

《金商法》尝试采用贯穿化模式，即对同一经济性质的金融商品和交易适用相同的规则。另外，银行经营的银行业及保险公司经营的保险业等虽然不属于金融商品交易业的直接规制对象，但是在《银行法》或《保险业法》中都各自规定了《金商法》行为规制的准用条款，同时区分了4类不同的金融商品交易行业，并对应规定了不同程度的行为规制。此外，对投资人进行了专业与业余的区分，并相应地对规定内容进行调整，实现了规制的灵活化。

主要的行为规制包括：宣传等相关的规定、签订金融商品交易合同时的“合同签订前”的书面交付、“合同签订时”的书面交付、经由书面的解除（cooling off）、禁止行为（禁止虚假告知、提供定性判断等）、适合性原则等。

我们接下来主要对“合同签订前”的书面交付义务以及“合同签订时”的书面交付义务进行说明。

“合同签订前”的书面交付义务

金融商品交易合同的“合同签订前”交付文书中应记载金融商品交易业者的商号、金融商品交易合同的概要、手续费、损失风险相关事项等。金融商品交易业者在签订金融商品交易合同前，原则上有义务向客户交付这些书面资料。这个制度是为了让客户知道自己所要签署的交易是什么样的交易。

实物不动产的买卖中介中，宅地建筑物业者在开始营销活动前会与客户签订中介合同，而在信托受益权买卖中介中，这种中介合同就是金融商品交易业者与客户签订的金融商品交易合同（合同签订时的文书）。因此，金融商品交易业者在签订中介合同前应向客户进行合同签订前的书面交付。

但是，将原始委托人新发行受益权转让的中介业务作为“私募代销业务”时，无须向签订私募代销合同的委托人交付合同签订前的文书（金商业等府令第 80 条第 1 项 5 号第 40 款）。但是，对于私募代销时签订认购中介合同的客户，应履行合同签订前的书面交付义务。

此外需要注意的是，如果仅与委托人签订私募代销合同，未与购买人签订认购中介合同的金融商品交易业者，尽管没有认购中介合同，仍需向购买人进行合同签订前的书面交付。①

“合同签订时”的书面交付义务

金融商品交易合同的“合同签订时”交付文书中应记载金融商品交易合同等的概要、成立日期、手续费等相关事项。这是为了让客户进行交易时确认内容，实务中在金融商品交易合同中也同时约定。

但是，新发行的信托受益权的私募代销以及已发行的信托受益权的销售中介，无须向各发行人、卖方履行书面交付义务（金商业等府令第 110 条第 1 项第 2 号第 29 款、第 40 款）。

基于《宅地建筑物交易业法》的书面交付义务

根据《宅地建筑物交易业法》第 50 条第 2 部分第 4 款，宅地建筑物交易业者作为金融商品交易从业者，从事不动产信托受益权买卖的中介时，在受益权买卖合同成立前，有义务向受益权的买方交付书面资料，用于说明关于受益权标的不动产的重要事项。由于该重要事项说明书中存在与前述签订合同前的文书重复的项目，也可将二者合并为一份书面资料，但需要注意，法律规定的书面交付期限不同。

另外，金融商品交易业者自己作为当事人（卖方）销售信托受益权时，受益权买卖合同即为金融商品交易合同（签订合同时的文

① 关于金融商品交易法制相关政令案、内阁府令案等的征求意见稿的结果等参见第 274 页第 16 ~ 18 条。

书），因此能更容易地将签订合同前的书面交付资料与《宅地建筑物交易业法》中的重要事项说明书同时提交。

专业投资人与业余投资人的管理（特定投资人制度）

《金商法》为了实现行为规制灵活化，将投资人分为一般投资人（业余）和特定投资人（专业），放宽与特定投资人交易的行为规制（《金商法》第45条）。该制度被称为特定投资人制度。根据该制度，对于专业投资人，除“禁止损失补贴”等为了确保资本市场公平的制度外，免于适用合同签订前的书面交付、合同签订时的书面交付等以避免信息不对称为目的的规定。

特定投资人是指合格机构投资人、国家、日本银行、投资人保护基金及其他内阁府令规定的法人（《金商法》第2条第31项）。

其中，合格机构投资人的定义是“内阁府令规定的具有有价证券投资相关专业知识及经验的机构”（《金商法》第2条第3项），例如金融商品交易业者、银行、保险公司、信用金库等［关于《金商法》第2条规定的定义的内阁府令（简称定义府令）第10条］。特定投资人制度如表7.4所示。

表7.4　特定投资人制度

特定投资人		一般投资人	
Ⅰ	Ⅱ	Ⅰ	Ⅱ
不能变更为一般投资人	可以选择变更为一般投资人（opt-out）	可以选择变更为特定投资人（opt-in）	不能变更为特定投资人
合格机构投资人 日本银行	投资人保护基金及其他内阁府令规定的法人	Ⅰ和Ⅱ以外的法人（包括地方公共团体）及满足一定条件（净资产3亿日元以上等）的个人	除了Ⅲ以外的个人

金融商品交易业者对于可以转变为一般投资人的特定投资人，有义务必须告知其在签订金融商品交易合同前提出申请的，就可以变更为一般投资人。另一方面，特定投资人以外的法人，或根据内阁府令规定满足一定条件的个人，提出申请后也可以变更为特定投资人。《金商法》中的行为规制如表 7.5 所示。

表 7.5　《金商法》中的行为规制

对于金融商品交易业者的主要行为规制			
《金商法》条文	规制内容		不适用于特定投资人（专业）的规制
第 36 条	对顾客负有诚实义务	对顾客诚实且公正地展开业务	
第 36 条第 2 项	张贴标识	在营业场所和工作单位等公众容易看到的地方张贴标识	
第 37 条	广告的规制	金融商品交易业等的说明义务 禁止使用明显与事实不符或者使人产生误解的用语	●
第 37 条第 2 项	交易形态的事前明示义务	明示是交易当事者还是中介和代理	●
第 37 条第 3 项	合同签订前的书面文件交付	合同签订时即向客户交付书面文件的义务	●
第 37 条第 4 项	合同签订时的书面文件交付	合同成立后交付书面文件的义务	●
第 38 条	禁止行为	禁止虚假告知	
		禁止提供定性判断	
		禁止主动劝诱客户	●
		有受托意思表示的确认义务	●
		禁止再劝诱	●

续表

对于金融商品交易业者的主要行为规制			
《金商法》条文	规制内容		不适用于特定投资人（专业）的规制
第 39 条	填补损失等的禁止	禁止金融商品交易业者给予（或将给予）顾客损失填补	
第 40 条	适合性原则	将顾客的知识、经验、财产状况与合同目的对照后认为不合适的，禁止劝诱	●

证券化架构和《金商法》

前一节就不动产投资《金商法》的相关法律制度进行了整体性说明。下文将说明实际的不动产证券化架构与《金商法》的关系。

GK-TK 架构和二层结构基金

GK-TK 架构

如第 4 章所述，该架构是不动产证券化中最常用的架构。第 4 章说明了该架构的流程和优点，本章将从法律的视角进行说明。

搭建 GK-TK 架构时，在《金商法》上主要存在两点问题。

· SPC 的募集是否属于第二种金融商品交易业。

· SPC 的运营管理是否属于投资管理业。

SPC 的第二种金融商品交易业的适用性

我们先针对通过 SPC（GK）募集 TK 出资份额是否属于第二种金融商品交易业的问题进行说明。

结论是，通过 SPC 募集 TK 出资份额属于第二种金融商品交易业，但是可以采取适用除外措施。GK-TK 架构中，由 SPC 自行将 TK 出资份额等的“集团投资架构份额”推荐给投资人，该行为属于“第二项有价证券”的“私募”，因此 SPC 需要进行第二种金融商品交易业的注册。但是，注册金融商品交易业应满足人员要件和财产要件（第二种金融商品交易业的最低注册资本为 1 000 万日元），这对作为壳公司的 SPC 来说是不现实的。因此，需要让 SPC 不注册第二种金融商品交易业者也可从投资人处得到融资（第二项有价证券的募集）。GK-TK 架构和金融交易业的关系如图 7.2 所示。

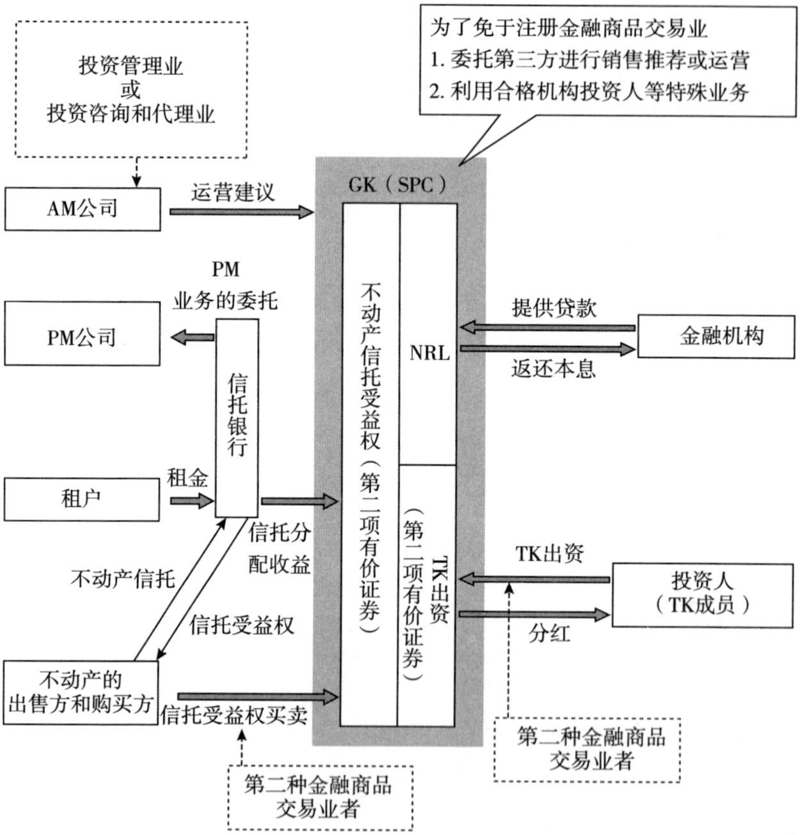

图 7.2　GK-TK 架构和金融商品交易业

《金商法》为保护投资人，规定了在不造成妨碍的情况下，可以免除金融商品交易业者注册的方法（《金商法》第2条第8项括号内规定），具体有以下两种。

1. 将匿名组合出资份额的销售推荐（私募）全部委托给第三方。

第一种方法是SPC完全不募集，而是将TK出资份额的销售推荐委托给第三方（安排人或AM公司、信托受益权买卖中介等）的方法。当然，受托第三方由于进行TK出资份额的私募代销，需要进行第二种金融商品交易业的注册。

2. 灵活利用合格机构投资人等特殊业务。

第二种方法是灵活利用合格机构投资人等特殊业务。合格机构投资人等特殊业务是指面向所谓的专业人士的基金募集业务或运营管理业务，仅以合格机构投资人等作为对象，不注册也可从事金融商品交易业。

【合格机构投资人等特殊业务】

首先，“合格机构投资人等”是指“1名以上合格机构投资人和49名以下其他投资人”（《金商法》第63条第1项第1号，施行令第17条第12项）。即以1名以上合格机构投资人和49名以下其他投资人作为对象而进行募集或运营管理时，可以不进行金融商品交易业注册。

另外，为确保资本市场的健全性，在从事合格机构投资人等特殊业务时，应向内阁总理大臣备案部分事项（SPC的商号、注册资本金、高管姓名、政令规定的使用人、业务种类、主要营业地等）。备案后的SPC成为特殊业务备案人，对于特殊业务备案人仅适用行为规制中的禁止虚假告知、禁止损失补贴等。此外，在特定投资人制度中，特殊业务备案人是可以变更为一般投资人的特定投资人。

再者，应注意SPC的TK投资人中如果存在以下情况，即以合格机构投资人以外的主体购买资产对应证券的 TMK，以及以合格机构投资人以外的主体 TK 成员的经营者，则无法认定为合格机构投资人等特殊业务（《金商法》第 63 条第 1 项各号），该规定防止了合格机构投资人以外的投资人参与架构。

SPC 的投资管理业的适用性

接下来，我们对 SPC 的运营管理是否属于投资管理业进行说明。

我们的结论是，SPC 的运营管理属于投资管理业，但是也可以采取豁免措施。

《金商法》规定的投资管理业是指“对从权利人处取得的信托受益权、集团投资架构份额等资产予以管理，对有价证券或金融衍生产品进行投资”（《金商法》第 2 条第 8 项第 15 号）。SPC 以“集团投资架构份额”的 TK 出资份额等进行融资，对“第二项有价证券”的信托受益权进行投资，因此属于投资管理业。

因为 SPC 注册投资管理业是不现实的，所以，需要让 SPC 即使不注册投资管理业，也能进行投资管理。《金商法》规定了以下 3 种无须注册金融商品交易业的方法。

- SPC 将投资管理权限全部委托给第三方。
- 利用合格机构投资人等特殊业务。
- 利用二层结构基金的特例（在后文中叙述）。

1. SPC 将投资管理权限全部委托给第三方。

第一种，SPC 本身不运营管理，而将运营权限全部委托给第三方（定义府令第 16 条第 1 项第 10 号）。此时，SPC 和受托第三方（AM 公司）之间要签订“投资全权委托合同”，因此，AM 公司需要完成投资管理业的注册（《金商法》第 2 条第 8 项第 12 号）。

2. 利用合格机构投资人等特殊业务。

第二种，利用合格机构投资人等特殊业务。如上文所述，在仅有“合格机构投资人（1 名以上合格机构投资人和 49 名以下其他投资人）”的 TK 出资由 SPC 运营管理的情况下，SPC 无须注册投资管理业也可运营管理。

如此，SPC 在募集或运营管理时，通过“全部委托给第三方（已注册的金融商品交易业者）”或者“利用合格机构投资人等特殊业务”，SPC 本身不注册金融商品交易业也可搭建 GK-TK 架构。

实务中，投资人中只要有 1 名以上合格机构投资人，一般都会活用合格投资人等特殊业务。没有合格机构投资人的情况下，一般会将 TK 出资的中介或运营权限委托给第三方（金融商品交易业者）。

各个参与方的作用如下所示。

【不动产信托受益权的私募代销或买卖中介】

以不动产信托受益权的“私募代销”或“买卖中介”为业务时，需要注册第二种金融商品交易业。

例如，接受原始权益人的委托进行新发行的不动产信托受益权销售的中介行为属于私募代销，需要注册第二种金融商品交易业。

【AM 公司的规制】

AM 公司需要注册的是投资管理业还是投资咨询、代理业?

“投资管理业（GK-TK 架构需要注册不动产相关特定投资管理业）”的注册和“投资咨询、代理业”的注册在准入规制中存在较大差异，因此注册哪个行业是个大问题。

例如，SPC 利用合格机构投资人等特殊业务时，在运营管理时，SPC 要进行投资决策，则 AM 公司可以仅注册“投资咨询、代理业”。但是在这种情况下，为了使 SPC 进行投资决策，需要搭建由作为 SPC 的合同公司或 TK 投资人进行投资决策的明确架构。

关于 AM 公司应当注册投资管理业还是投资咨询、代理业的问题，没有明确的标准可以直接得出结论，而是根据是否实际进行“投资判断的全权委托”或“投资权限的委托”等个案情况判断。

二层结构基金

GK-TK 架构中，采用二层结构基金的情况较多。如第 4 章所述，通过利用二层结构基金的架构，能够享受追加购买、早期处置子 SPC 的相关不动产以及贷款条件灵活等优点。

GK-TK 架构的说明中提到，即使 SPC 不注册投资管理业，也可以运营管理的方法中，有一个“活用二层结构基金的特例”的方法，但利用该方法的主体须为二层结构基金中的子 SPC。

关于母 SPC 和子 SPC

如上文所述，母 SPC 和子 SPC 可以选择“将募集、私募代销、投资运营权限委托给第三方”以及“利用合格机构投资人等特殊业务”的方法，无须注册金融商品交易业而进行募集或运营管理。

此外，各个 SPC 的 AM 公司在收到 SPC 运营权限的委托时需要注册“投资管理业”，但是如果利用合格机构投资人等特殊业务，也可注册为“投资咨询、代理业”。

二层结构基金的特例

二层结构基金的特例就是活用子 SPC。子 SPC 虽然接受母 SPC 的 TK 出资，但因母 SPC 是壳公司，不符合合格机构投资人的定义，所以如果 TK 出资人仅为母 SPC，将导致子 SPC 无法活用合格机构投资人等特殊业务。

除非母 SPC 的投资人全部是合格机构投资人，否则，即使将母 SPC 以外的合格机构投资人加入子 SPC 的 TK 出资成员，如果子 SPC 的 TK 出资成员中包含了“合格机构投资人以外的 TK 的经营者（即母 SPC）”[①]，子 SPC 的运营管理也还是不符合合格机构投资人等特殊业务的要求。

综上，子 SPC 活用“合格机构投资人等特殊业务”缺乏现实性，因此出现了“二层结构基金”的特例，即“子 SPC 不注册投资管理业也可以运营管理的方法”。

利用该特例需要满足如下要件：

- 子 SPC 以 TK 出资的财产对“不动产信托受益权”进行投资。
- 子 SPC 仅与母 SPC 缔结 TK 合同。
- 母 SPC 是 TK 合同的经营者，并且属于“投资管理业者”或“合格机构投资人等特殊业务备案人”等。

满足这些要件后，子 SPC 通过将金融厅长官规定的事项（商号、资本金金额、高管姓名、主要营业场所、事务所名称及所在地、其他业务的种类等）进行备案后，即使不注册金融商品交易业，也可以运营管理（定义府令第 16 条第 1 项第 11 号）。

再者，二层结构基金的特例是投资管理业予以认可的，虽然不能实施自行募集，但根据金融厅的意见征求稿，子 SPC 的自行募集行为本质上不属于“主营业务”，因此最终被认为其不需要进行第二种金融商品交易业的注册。[②]

此外，利用二层结构基金的特例时，从保持 TK 性的观点看，较可靠的方法是让 AM 公司注册“投资管理业者”。被认定为二层结构

---

① 参照第 7 章的“SPC 的投资管理业的适用性”部分。

② 关于《金融商品交易法制相关政令案、内阁府令案等》的征求意见稿的结果等第 57 页第 98 条。

基金特例的案件如图 7.3 所示。

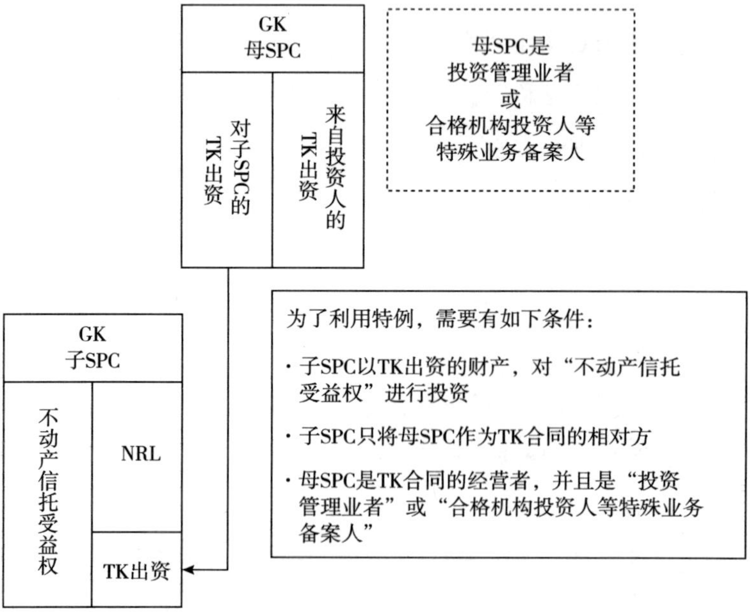

图 7.3　被认定为二层结构基金特例的案件

TMK 架构

如第 4 章所述，TMK 架构是指依据《SPC 法》，灵活运用已设立的 TMK 的架构。与 GK-TK 架构不同的是，TMK 架构通过发行特定公司债券、优先级证券等第一项有价证券来募集资金，并且可以将实物不动产作为资产证券化的对象进行投资。

TMK

TMK 通过发行特定公司债券和优先级证券等第一项有价证券来募集资金。与 GK-TK 架构不同，TMK 不会对 TK 出资份额（集团投资架构份额）的权利人的资金进行资产运用，因此不属于《金商法》规定的投资管理业，无须注册金融商品交易业。TMK 架构和金融交易业的关系如图 7.4 所示。

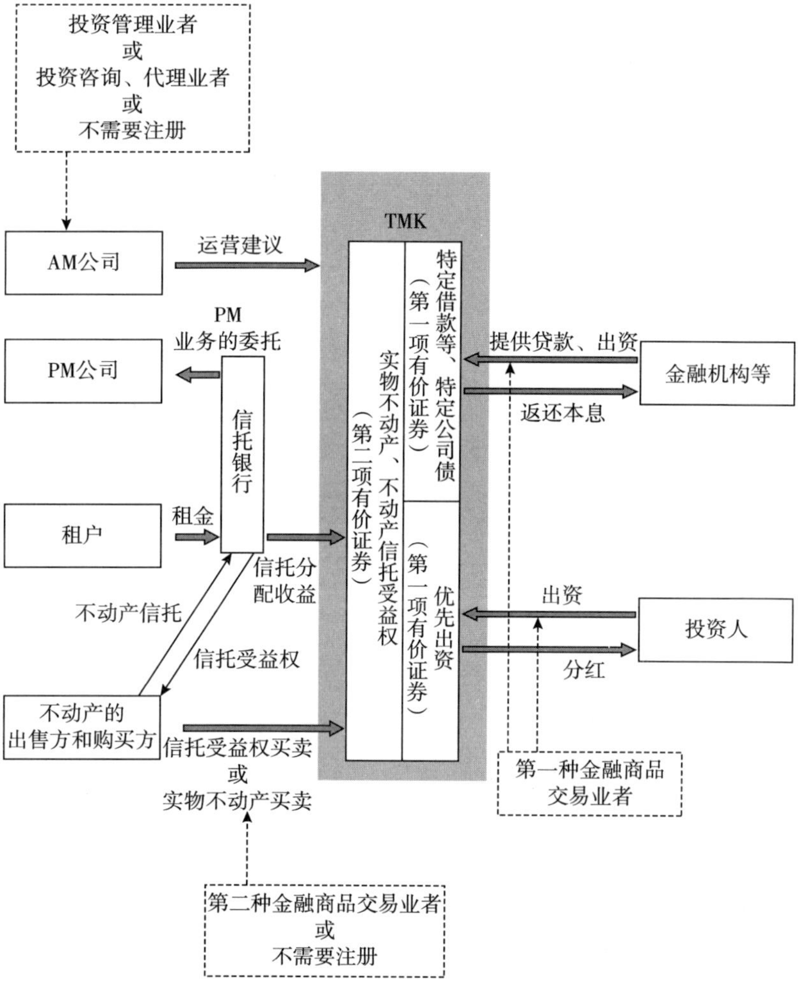

图 7.4　TMK 架构和金融商品交易业

关于 TMK 的自行募集（含私募），对优先级出资证券等的第一项有价证券的募集、私募不属于金融商品交易行为，因此无须注册金融商品交易业。

另外，TMK 在《金商法》的特定投资人制度中，属于可以变更为一般投资人的特定投资人。

不动产信托受益权的私募代销与买卖中介等

如果 TMK 的投资对象为不动产信托受益权，与 GK-TK 架构一样，中介方需要注册第二种金融商品交易业，如果投资对象为实物不动产，则不需要办理金融商品交易业注册。当然，从事实物不动产的买卖中介时，需要宅地建筑物交易业的许可（《宅地建筑物交易业法》第 3 条第 1 项）。

AM 公司的规制

TMK 的投资对象为实物不动产时，因为实物不动产不属于《金商法》的规制对象，因此，除非提供“衍生交易”的咨询等服务，否则不需要金融商品交易业（投资管理业、投资咨询和代理业）的注册。

但是，如果 TMK 的投资对象是不动产信托受益权，则属于《金商法》的规制对象。基于 TMK 架构，《SPC 法》中的 TMK 必须依据资产流动化计划开展业务。金融厅的征求意见稿中的解释是：“TMK 根据资产流动化计划取得特定资产时，通常认为投资决策的余地很小，很难一概而论地判断是否存在投资决策的‘咨询’还是‘全权委托’，因此，需要根据每个案件的实际情况做出实质性判断。”如此，在 TMK 框架中，AM 公司需要就投资管理业、投资咨询、代理业中的哪些行业进行注册，应当根据个例案件的实际情况进行实质性判断。

《SPC 法》的修订

2011 年 5 月 17 日，《为资本市场及金融行业基础强化的金融商品交易法等部分修正法律案》获得通过，作为 TMK 架构依据的《SPC 法》也与《金商法》等同时被修改，并从 2011 年 11 月 24 日起正式实施。这是《SPC 法》自 2000 年以来的又一次大幅修改，使TMK 架构的使用更为便利。

我们简单回顾一下部分修改内容，如下：

1. 放宽资产流动化计划变更的相关规定。

• 免除一部分的资产流动化计划变更的备案义务。

过去，一旦资产流动化计划变更，就须向财务局备案，根据2011 年的修订，如果是一定程度的轻微变更，不再需要向财务局备案。具体而言，例如优先出资、特定公司债务或者特定借入具体条件的变更等。

• 建立资产流动化计划变更的相关修改手续。

根据 2011 年修订案而建立的修改手续，是指资产流动化计划的内容变更所需的要件和手续。通过设定修改手续，便可依照内容要件和手续对资产流动化计划进行变更。例如将“董事决定”设定为修改手续，使资产流动化计划的变更可以无须经过员工大会的决议。

2. 允许追加购买新的特定资产。

过去，TMK 是以将特定资产流动化作为目的而设立的法人，原则上解释为禁止特定资产的追加购买。2011 年的修订改变了这一解释，原则上允许新资产的追加购买。由于《宅地建筑物交易业法》宅地与建筑物的追加购买不被认可，目前采用 TMK 为母 SPC、GK-TK架构中的 GK 为子 SPC 的双层构造基金架构。

J-REIT

J-REIT 除借款外，还通过“投资法人债券”或“投资证券”这类第一项有价证券募集资金，并投资于实物不动产或不动产信托受益权。

投资法人

关于投资法人，在《投信法》中已有规定。因为投资法人并未被作为金融商品交易业者，因此不需要金融商品交易业注册。投资法人根据《投信法》，通过内阁总理大臣的注册后，可以从事有价证券的购买与出售、有价证券的借贷、不动产的购买与出售、不动产的借贷、不动产的委托管理等政令规定的交易（《投信法》第 187 条、第 193 条）。投资法人经过注册后被称为注册投资法人（《投信法》第 2 条第 13 项）。

不动产信托受益权的私募代销与买卖中介等

与 TMK 架构一样，一方面，如果投资法人的投资对象是不动产信托受益权，则需要进行第二种金融商品交易业的注册。另一方面，如果投资对象是实物不动产，则不需要金融商品交易业的注册。虽不需要金融商品交易业的注册，但需要宅地建筑物交易业的许可（《宅地建筑物交易业法》第 3 条第 1 项）。

资产运用公司

注册投资法人必须把资产运用的相关业务委托给资产运用公司（《投信法》第 198 条）。再者，《金商法》把“基于与注册投资法人签订的资产运用委托合同的资产运用”定义为资产运用业（《金商法》第 2 条第 8 项第 12 号），所以资产运用公司需要进行投资管理业的注册。此外，如果投资对象包括不动产，则需要取得宅地建筑物交易业的许可以及交易全权代理[①]的认可。

J-REIT 与金融交易业的关系如图 7.5 所示。

---

① 交易全权代理指的是在宅地建筑物交易的代理和中介中，被全权授予对交易的判断，据此进行交易的代理和中介。如果有国土交通大臣的认可，也可以不签署个别中介合同。

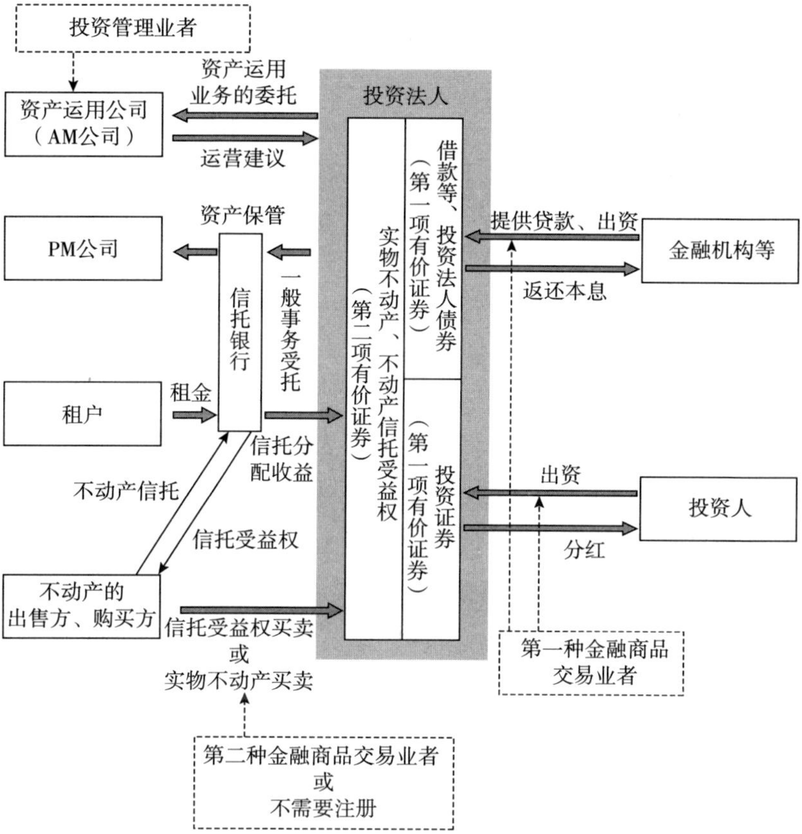

图 7.5　J-REIT 与金融商品交易业

《不特法》的修订

第 183 次通常国会通过了《不特法》的部分修订案（简称《修订法》），并于 2013 年 6 月 21 日公布。

过去的《不特法》，主要被用于规模约每份 100 万日元、面向个人的小型不动产商品，存在无法进行破产隔离等问题点。

因此，这次的修订中追加了采用 SPC 的破产隔离型新证券化架构。以下就《不特法》的修订背景、概要及其影响进行说明。

《不特法》及其修订的背景

所谓不动产特定共同事业，是指不动产特定共同事业者与投资者之间“签订不动产特定共同事业合同，基于该合同经营不动产，并向投资方分配产生的收益的行为，或者是以不动产特定共同事业合同签订的代理、中介行为为主营业务”（《不特法》第 2 条第 4 项第 1 号、第 2 号）准备从事不动产特定共同事业的，需要获得主管大臣或者都道府县知事的许可，受理许可时需要符合保有宅地建筑物交易业的资格、1 亿以上资本金等标准（《不特法》第 7 条）。如第 3 章所述，使用 SPC 的破产隔离型 GK-TK 架构，如果以实物不动产作为投资对象，便需要获得《不特法》的许可。但是 SPC 作为壳公司达到《不特法》的许可标准并不现实，所以事实上使用破产隔离型的 GK-TK 架构将实物不动产作为投资对象是不可能的。

因此，本次《修订法》将利用 SPC 的破产隔离型不动产特定共同事业架构的组建变成可能，提倡设立新型的破产隔离型不动产证券化架构。

《不特法》的修订概要

在《修订法》中，即使是属于《不特法》规定的行为，如果满足一定的要件，也可作为“特例事业”（《修订法》第 2 条第 6 项），通过向主管大臣备案通过（《修订法》第 40 条第 2 项）。据此，过去不满足不动产特定共同事业者许可要件的 SPC，备案后作为“特例事业者”也可从事不动产特定共同事业（《修订法》第 2 条第 7 项）。

但是，“特例事业”必须符合如下要件（《修订法》第 2 条第 6 项各号）。

1. 以专门从事该行为为目的而设立的法人。

2. 将依据不动产特定共同事业合同开展的不动产交易有关业务委托给 1 个不动产特定共同事业者（第三号事业者）。

3. 向不动产特定共同事业者（第四号事业者）委托不动产特定共同事业的合同缔约推介业务。

4. 将施行规则中规定的银行、信托公司及其他具有不动产投资相关专业知识及经验的主体，或者拥有施行规则规定的资本金以上的公司（《修订法》中称为特例投资人），作为专业的交易对象或参与方。

5. 其他符合施行规则规定的为保护参与方的利益所必需的要件的。

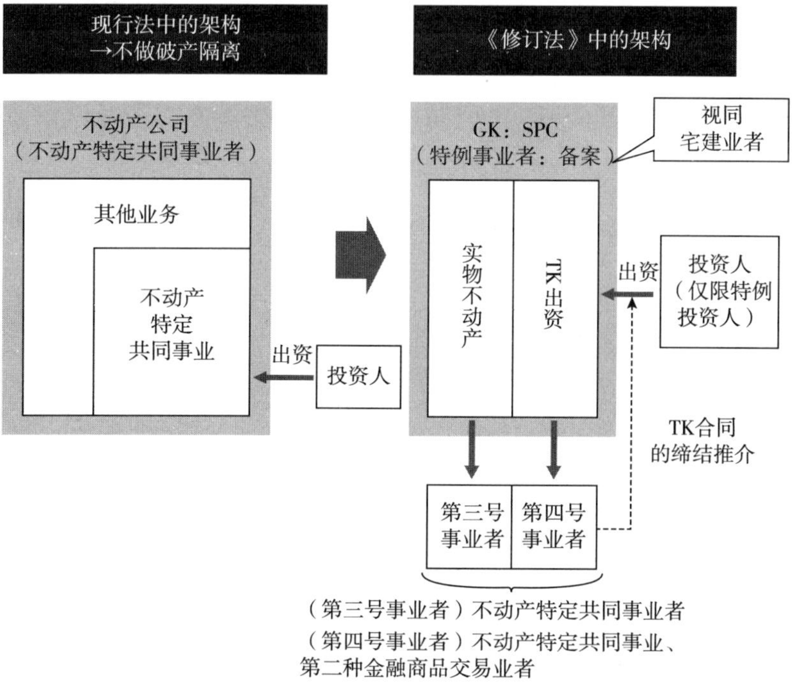

图 7.6　不动产特定共同事业（现行法中的架构与《修订法》中的架构）

不动产特定共同事业架构如图 7.6 所示。这里的第三号事业是指“接受特例事业者的委托后，从事以该特例事业者为当事人的不动产交易相关业务”（《修订法》第 2 条第 4 项第 3 号），第四号事业指的是“从事以特例事业者为当事人的不动产特定事业合同的代理或中介业务”（《修订法》第 2 条第 4 项第 4 号）。因第三号事业、第四号事业属于不动产特定共同事业，若要从事该类事业，需取得主管大臣或都道府县知事的许可。

换言之，如果仅以不动产特定共同事业为目的的 GK（SPC），将不动产交易（不动产的买卖或租借等）相关业务与 TK 合同缔结推介业务分别委托给第三号、第四号事业者，通过 SPC 申报，投资对象便可以组建基于实物不动产的 GK-TK 架构。此外，要注意的是，这个架构中的投资人，仅限于“被认可拥有不动产投资相关的专门知识及经验的主体（特例投资人）”。

根据该修订，与特例事业者签订不动产特定共同事业合同而产生的权利，作为《金商法》中的有价证券（第二项有价证券，根据修订附则第 7 条修订后的《金商法》第 2 条第 2 项第 5 号第 26 款）。据此，TK 合同的缔结推介符合第二项有价证券的私募代销或中介行为，第四号事业者在办理不动产特定共同事业的许可的同时，还必须进行第二种金融商品交易业的注册（《金商法》第 28 条第 2 项）。

此外，伴随本次修订，《宅地建筑物交易业法》也进行了修订，特例事业者作为“视同宅建业者”适用一部分《宅地建筑物交易业法》的规定。虽然不适用重要事项的说明义务或者交易负责人的设置义务，但适用营业保证金的托管义务（每个主要的事务所 1 000 万日元）、自行成为卖方时关于瑕疵担保责任的特别限制、定金的保全义务等规定。

《不特法》的修订带来的影响

《不特法》的修订扩大了破产隔离型证券化架构的选择范围。将抗震性差的老旧设施或是过去被限制证券化的不动产进行再开发时，可以选择适用的架构。可以预见，大型开发商将高效地利用再开发架构。

第八章

从原始权益人的角度看会计层面的注意点

原始权益人的不动产出售处理标准

关于不动产证券化，在会计层面上有3点必须特别注意：不动产出售处理的标准；SPC的非并表；经营性租赁。

资产流动化型证券化的问题

当一般企业打算以证券化的形式出售本公司的大楼时，就会出现不动产出售处理标准的问题。因为这些不动产原本只是企业自己使用的，所以必须要将其变为可产生租金（现金流）的形态，而且由于交易金额巨大，在证券化的初始期，即使希望单纯地出售，是否能找到合适的买家也是个问题。对于这点，不能从已有的法人或个人中寻找买方，而是在建立SPC后，将资产出售给它，形成出售给企业（表外）的效果，这便是资产流动化型的证券化。

这种类型的证券化中，一般情况下卖方（原始权益人）会希望在不动产出售后，与该不动产能有各种形式的关联（希望能保留影响力）。但是，如果卖方承担的风险过大或经济负担过重，则谈不上做了表外处理。因此，要根据下文的详细叙述，对应以《风险·经济价值法》为基础的会计处理相关的实务指南，只有满足该指南中所规定的一定要件，才能做出表处理。

《风险·经济价值法》

例如，原始权益人向 SPC 的权益进行巨额出资后，如果 SPC 持有的不动产发生大幅价格下跌，则会使原始权益人损失巨大。因此，“冒着如此大的风险，还可以说资产已经被出售了吗?”的质疑声不断高涨，日本注册会计师协会在 2000 年 7 月发布规定了关于在会计层面出售要件的《关于出让人有效利用特殊目的公司进行不动产流动化的会计处理实务指南》（简称《流动化实务指南》），紧接着在 2001 年 5 月发布了该指南的《问答集》。

根据《流动化实务指南》，只有在将出让后的不动产的风险（价格下跌时的风险等）和经济价值几乎全部转移到其他地方的情况下，才可以作为出售处理（《风险·经济价值法》）。

要件涉及包括“是否为法定的出让”“是否以适当的价格出让”“是否附有回购条件”“出让的不动产是否具有特殊性”等在内的多个项目，在图 8.1 中，我们将其整理成了流程图。

这当中有一项“5% 规则”，即出让人（原始权益人）的风险负担比例（风险负担额 ÷ 目标不动产在出让时的合理价格）如高于 5%，则不能被认定作出售处理。所谓风险负担额，是指该不动产在价值归零时的损失额，不仅包括 TK 出资等的劣后出资，还包括残值保证金和追加出资义务等。因此，原始权益人即使在证券化中以高额的权益出资，也无法作出售处理。

若无法通过上述流程图而被认定为买卖交易时，则会被视为金融交易，也就是说，仅作为不动产的抵押融资，而无法被认定为出表，不动产的资产将留在原始权益人的资产负债表。

因为要应对这些会计准则，像在证券化初期时那样进行资产流动化型证券化就变得困难了。但从另一个方面看，随着证券化的普及和成熟，转向资产运用型投资载体的投资人范围大幅扩大。因此，近年

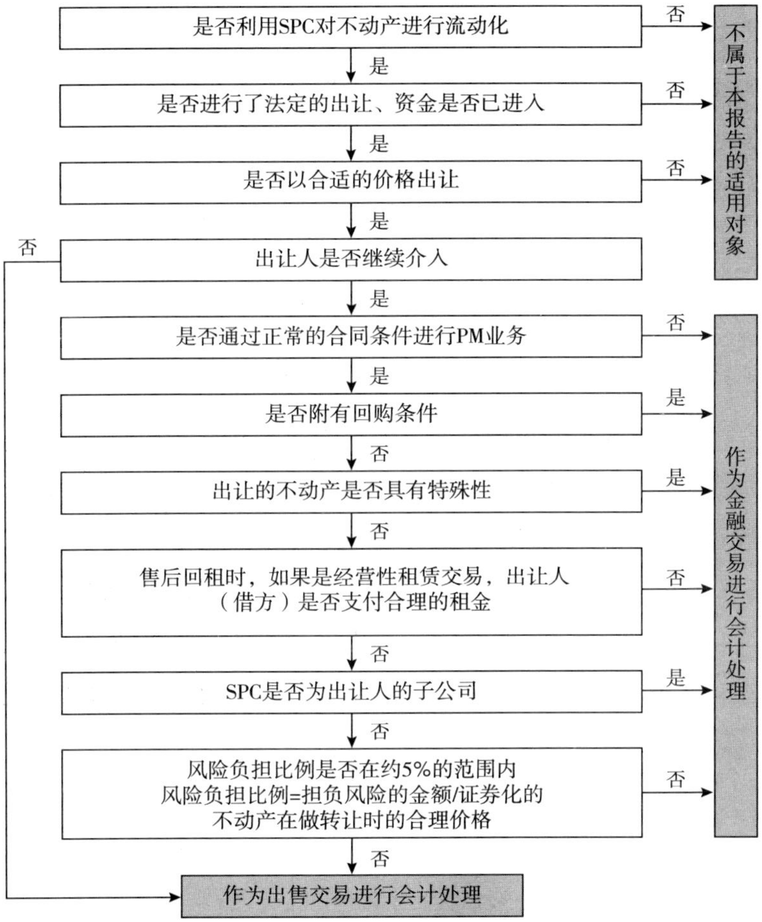

图 8.1　出让人会计处理的流程图

资料来源：日本会计师协会《有关利用 SPC 进行不动产流动化的出让人会计处理的流程图》（会计制度委员会报告第 15 号，部分省略）。

来，企业不再特意构建复杂的资产流动化型结构，转而直接卖给 J-REIT 等资产运用型的投资工具的案例越来越多。因此，企业不动产的出表处理实际上也不一定变得困难。

SPC 的非并表

以实际控制力标准为原则

希望对保有的不动产做表外处理的企业，即便满足了不动产出售处理的标准，而 SPC 如果成了会计上的并表对象，则无法实现将固定资产从合并报表中分离。另外，企业是作为投资方还是作为事业主体出资到保有不动产的 SPC 中，在 SPC 并表与否的财务处理上有很大差异。

在财务报表的编制中，详细规定了编制方式的《财务报表等规则》① 的第 8 条第 3 项，对合并子公司进行了定义，原则上应根据“实际控制力标准”来判断是否符合合并子公司的标准。

例如，当 A 公司拥有 B 公司过半数的表决权时，原则上，B 公司为 A 公司的合并子公司。但是，即使 A 公司拥有的 B 公司的表决权在 40% 以上、50% 以下，满足以下任一条件的时候，原则上，也判定 B 公司为 A 公司的合并子公司。

- 指派过超过半数的董事。
- 在业务上有重要的交易关系。
- 在人事上有很强的联系等。

其中的关键在于，不仅以持有多少表决权作为形式上的标准，而且根据指派董事或是交易关系等，来判断是否构成实质上的控制。

---

① 《财务报表等规则》指的是关于财务报表等的用语、样式及制作方法的规则。

证券化载体和会计层面处理的变迁

《财务报表等规则》中第 8 条第 7 项规定了 SPC 在不动产证券化中所适用的并表与非并表的特殊规则。不动产证券化中的 SPC 是向投资方支付不动产收益的“容器”，其业务内容受到限制，并且业务内容的变更也受到限制。考虑到与前述按“实际控制力标准”判断的公司是不同性质的，因此设立了特别的判断标准（特殊规则）。

在过去，《财务报表等规则》第 8 条第 7 项对不动产证券化中使用的 SPC 进行了规定，如果满足以下要件，便认定其从该“向 SPC 出让资产的公司”或“出资人”中独立出来，不属于这些出资人等的合并子公司。以下是该情况的要件。

不属于合并子公司的要件：

- 以合理的价格向 SPC 出让资产。
- SPC 的设立目的是使该公司所发行证券的所有者（包括涉及《SPC 法》中规定的特殊目的借入的债权人）享受该公司受让的资产所产生的收益，且公司的业务合理地贯彻该目的。
- 限制变更业务内容。

此外，《有关合并财务报表的会计标准》第 7 – 2 项中，也规定了与上述特则同样的内容。

但是，关于上述“出资人”的处理，在 2011 年《有关合并财务报表的会计标准》的修订以及同年《财务报表等规则》第 8 条第 7 项的修订中出现了变化。过去，出资人是特殊规则的对象，只要是满足一定要件的 SPC，就会被认定为非出资者的子公司，如今这一点在修订中删除了。根据实际控制力标准判断 SPC 的并表如图 8.2 所示。

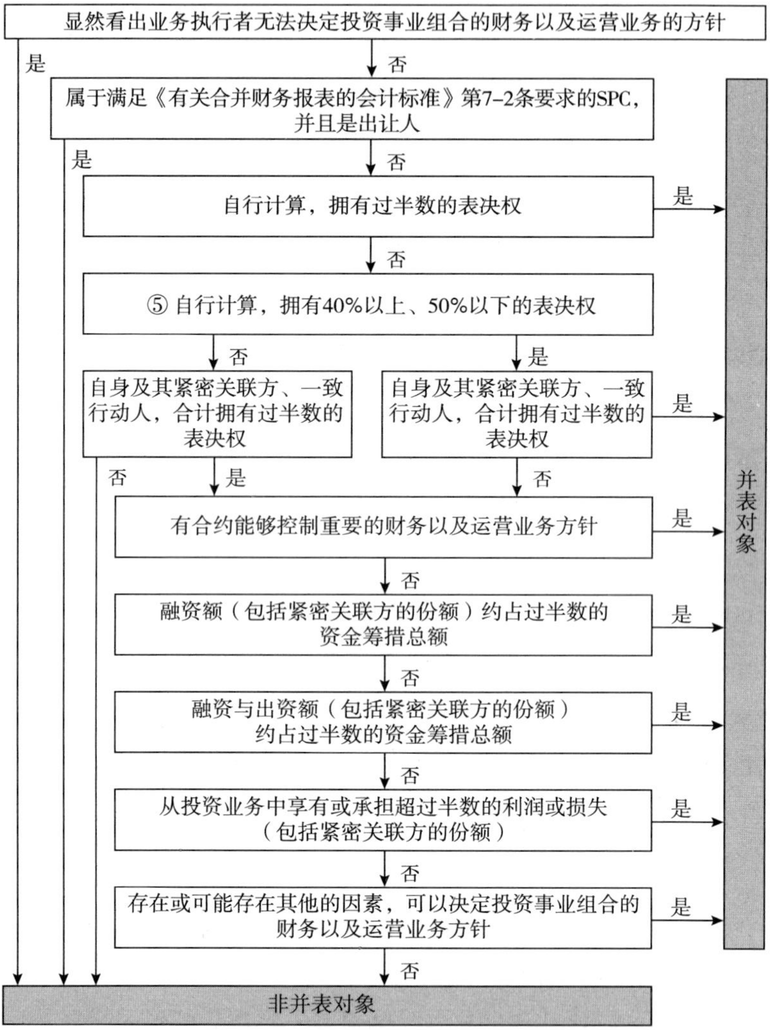

图 8.2　根据实际控制力标准判断 SPC 的并表

适用修订后的标准从 2013 年 4 月 1 日后的合并会计年度期初开始适用，也有一部分企业从 2011 年 4 月 1 日后的会计年度开始就已先行适用。

该修订使得证券化载体受到了很大影响，资产流动化型的证券化载体在前述的《风险·经济价值法》之外，又需要适用本次修改，无疑增加了一层难度。此外，开发型证券化受到了更大的影响。修订前，以大型不动产公司为中心，开发型证券化被高效地利用。不动产公司之所以能够不增加自身资产负债表中的资产和负债，就是因为能够以非并表的 SPC 方式获得土地进行建造。但是，在修订后，这些 SPC 多数被并表，失去了其优势。今后的开发型证券化，将会采取有多家均拥有不超过半数业务执行权的不动产公司共同开展事业等方式，组建方式和运用场合将会发生变化，实际上有些公司已经开始着手操作了。

经营性租赁

如前所述，资产流动化型证券化（例如企业出售自己的大楼）要对不动产作出售处理，必须确保受让方的 SPC 做非并表的会计处理。除此之外，如果企业希望支付租金并继续租借使用该不动产，则该租赁交易必须在会计上被认定为经营性租赁。

是经营性租赁，而不是融资租赁

《关于租赁交易的会计准则》（企业会计标准第 13 号）中规定，经营性租赁即是融资租赁交易以外的租赁交易。

融资租赁是在会计层面被视为金融交易的租赁交易。具体而言，设定的租赁期限覆盖资产使用寿命中的大部分，且禁止解约（non cancelable），在租赁期间支付的租金现值几乎与出租资产的购买价格相差无几，该类交易即融资租赁。这种交易被看作实质上拥有租赁的资产，只不过其对价是涵盖了利息之后通过分期支付而已。因此，原则上，租赁资产被列入承租人的固定资产（买卖处理）。如果不动产证券化被视为融资租赁，原始权益人（不动产的卖方）希望能做出表的固定资产，就不得不再次并入资产负债表中。

关于禁止解约的租赁期间

在租赁交易实务指南中，符合以下两项的情况，便被判定为融资租赁交易。

1. 禁止解约的租赁期间内的租金总额现值，大于或等于假设承租人以现金购买相应租赁物品合理估价的 90%（现价标准）。

2. 禁止解约的租赁期限占该租赁物业的经济性使用寿命的 75%以上（经济性使用年限）。

关于第二项，除非承租人表示出明确的续约意愿，否则不能将续约期间归为禁止解约的租赁期间。

在不动产证券化的售后回租期间，为了不影响不动产的长期使用，因此，不能被认定为“承租人有明确的续约意愿”。

此外，过去满足一定要件的融资租赁（所有权转移以外的融资租赁）也会被认定以租赁处理，这在实际操作中很常见，直到 2007 年租赁会计准则变更，才原则上统一为买卖处理。

不动产租赁与经营性租赁

实际上，办公室的租赁几年更新一次很常见。正常的与第三方之间所达成的不动产租赁交易条件，很难被界定为符合融资租赁的情况，如果与出售处理或者非并表的要件对比，问题的难度似乎也没有想象中那么高了。

如果是缔结长期的固定租金租赁合同，又设定了与市价相去甚远的租金，提前解约时会产生非常高的罚金，那么就需要慎重判断这种情况是不是符合融资租赁的情况。

此外，近年来，虽然房地是一体所有的，但是仅将其中的土地转让给 SPC，而后支付地租将其回租的例子越来越多。通常，租地合同是长期的，因土地的经济使用寿命是无限的，所以几乎不可能付清全部费用。因此，除非有所有权转移条款或者低价购入选择条款的情况，否则就可以推定其符合经营性租赁交易特征。

开始重新审视经营性租赁的租赁处理

国际上越来越不认可租赁交易中承租人的租赁处理。

国际会计准则理事会（IASB）与美国财务会计准则委员会（FASB）在寻求把至今为止都认可租赁处理（表外处理）的经营性租赁列入租借对照表的同时，也对有关租赁交易的会计标准进行了大规模的重新研究。国际会计准则理事会于 2010 年 8 月公布草案，并于 2013 年 5 月公布草案修订案。依照这些文件，我们根据原资产的性质或费用比例将租赁交易分成 A 型和 B 型两类，不动产租赁多数被归在 B 型。虽然按照类型不同，需要不同的会计处理，但在承租方的资产负债表中，不管是 A、B 哪个类型，都必须将租赁资产（使用权资产）和租赁债务进行表内处理。

如果被分成 B 型，承租方要认识到各期的租赁费用是固定的，而且出租方的处理与现行的经营性租赁相同。此外，关于租赁的国际财务报告准则（IFRS）最终会在什么时候公布什么样的内容，在我们撰写本书时（2013 年 9 月 20 日）尚不明确。

第九章

理解不动产投资的判断指标

为什么需要判断指标

在探讨不动产投资的时候，关于投资的目标不动产或不动产基金，需要明确以下问题：

- 收益能力如何？
- 与收益力相匹配的价格是多少？
- 投资的安全性和风险程度如何？
- 标的物业有没有什么问题？

不动产投资者主要采用以下多样化的方法及指标来检验，并做出投资判断。

检验收益率的指标：

- 现金流。
- 资本化率。
- *IRR*。
- 不动产投资指数。

检验价格合理性的方法：

- DCF 法。

检验投资安全性的指标：

- *LTV*。
- *DSCR*。
- 利差。
- 风险回报。

本章将就上述指标予以说明。

现金流的查定方法

现金流的定义

现金流，顾名思义，是指现金的流动。现金流有多个种类，本书按图 9.1 中的分类予以解说。

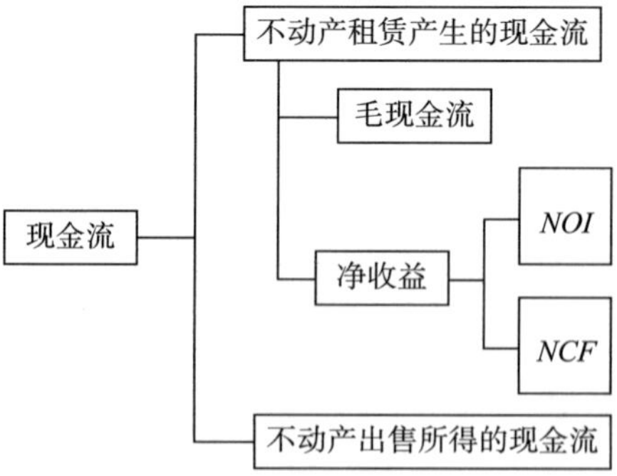

图 9.1　现金流的分类

不动产投资，期待的是获取不动产所产生的收益，即现金流收益。换言之，不动产的投资价值，取决于该资产预期能产生多少现金流。那么，没有现金流的不动产，就不能作为投资对象。因此，在进行不动产投资时，首先要把握该资产在当下阶段所能产生的现金流，然后预测在将来能有多少预期现金流。不动产投资判断的主要方法和指标，如资本化率、*IRR*、DCF 法等，都是以现金流为基础而算出的。

现金流的查定方法

在此，我们说明一下净收益的计算方法。

不动产的净收益，是在不动产的持有期间内，按事先确定的计测单位（年度、半年度、季度、月度），用收入减去支出而计算得出的，具体请见表 9. 1 所示的现金流计算表（表 9. 1 是简化的举例，以年度为计测单位）。

收入（毛现金流）计算的注意点

投资性不动产的各年收入，是指不动产出租所取得的收入。还有，在投资期满，将不动产出售时，要把出售收入作为这一年的现金流考虑进来。

为测算出租收入，对于已在租赁中的不动产，首先要调查的是在当前时点（可能的话，追溯到过去）能从该物业中获取多少收入。其次，当前的收入数字是会维持现状，还是会进一步增加或是减少，即要对未来进行预测。因此，要预测租户退租的可能性、租金水平、空置率等因素，这就需要把握每个租户和租约的内容，同时还要调查该区域的租金市场、平均空置率及相关市场走势，以分析和预测为基础，计算资产在保有期间的各年收入情况。如果租金水平现状高于市场租金，比如在 3 年后的租金调整时，就要考虑到租金按市场水平调整后是否会下降，即收入降低的可能性。相反，如果租金水平现状比市场水平低，要预期到租金上涨或租户替换带来的未来收入上升。

表 9.1　现金流计算表的示例

	第 1 年	第 2 年	第 3 年	第 4 年	第 5 年
满租时的租金收入	10 000	12 000	12 000	13 000	13 000
其他收入	500	500	500	500	500
空置损失	1 000	1 200	1 200	1 300	1 300
收入 a	9 500	11 300	11 300	12 200	12 200
维护管理费	700	700	700	700	700
水电费	500	500	500	500	500
PM 费	300	300	300	300	300
固定资产税	700	700	700	700	700
火灾保险费	50	50	50	50	50
支出 b	2 250	2 250	2 250	2 250	2 250
NOI c（a－b）	7 250	9 050	9 050	9 950	9 950
资本性支出 d	500	500	500	500	500
NCF e（c－d）	6 750	8 550	8 550	9 450	9 450

另外，关于空置的损失，要以市场为基础做判断，再用满租时的预期收入减去空置的损失部分。在使用 DCF 法的时候，对将来的预期出售价格，在现阶段就要做调查和算定。

计算支出时的注意点

在计算支出的时候，首先要调查一下现在的支付情况。将迄今为止所支出的管理成本和市场标准的管理成本相比较，考虑一下成本是否会进一步降低，以此为基础对将来的成本进行预测。

参照工程报告（见第 3 章），如果有物业陈旧等问题，那么今后的修缮费也要提前考虑，并予以加算。

还有，在计算现金流的时候，折旧计提并不是现金的流出，所以不算作支出。资本性支出（CAPEX）虽然在税务上不能计为损失项，但却是现金的流出，是要算作支出的。

资本性支出

建筑物或设备的大规模长期性的修缮费用支出被称为资本性支出，常被称为CAPEX。一般的修缮费，指的是维持不动产使用的费用，而与此相对，资本性支出是为延长不动产的价值使用年数而支出的费用。在会计处理上，资本性支出与作为年度经费处理的一般性修缮费有所不同，是计入资产折旧的，在其效力所及的期间内，作为费用顺次摊销。

NOI 和 *NCF* 的不同

NOI 是净营业收入（Net Operating Income）的缩写，*NCF* 是净现金流（Net Cash Flow）的缩写。两者都表示净收益，即不动产收入减去支出。可用下面的公式计算：

净收益 = 收入（空置损失扣除后）- 支出（除折旧计提外）

对于 *NOI* 和 *NCF* 的计算，虽然没有明确的规则，但大体来说，可将 *NOI* 理解为没有扣减资本性支出的净收益，而把 *NCF* 理解为扣除资本性支出后的净收益。

因为在发生大规模修缮的年度和没有大规模修缮的年度，资本性支出的数额大为不同，所以要把握长期的预期资本性支出金额，并将按年摊销的金额从 *NOI* 中扣除，就得出 *NCF*。

在计算资本化率的时候，以何种净收益作为计算基础，数值上的差别很大。所以，在探讨和比较投资性不动产的收益性时，要注意一下使用的是何种净收益。

DCF 法

DCF 法的定义

DCF 法是折现现金流（Discounted Cash Flow）法的简称，是计算投资性不动产价值的一种方法。在不动产评估中，DCF 作为收益还原法的方法之一，用于计算不动产的收益价值。

在 DCF 法中，将目标不动产每年所产生的现金流，折现为每期的现在价值，并予以加总计算，得出不动产的价值。

价值的折现

“金钱有时间价值，同样数额的钱在不同的时间内收到，其价值是不一样的”，以这种思维方式为基础，将在将来收到的现金流的价值，调整为与现在就能收到的现金流的价值相同，就叫折现。

比如说，同样的 100 万日元，比较一下现在收到和 1 年后收到的情况。现在就收到的 100 万日元，按 1 年期利率 1% 来运用，1 年后就变为 101 万日元。如果是 1 年后收到的 100 万日元，那在 1 年后的同一时点也只有那 100 万日元。也就是说，在不同时点收到的 100 万日元，仅仅是资金利率，也会让价值有所差异。

换言之，一年后取得的 100 万日元，和今年取得的 99 万日元，具有差不多相同的价值。

99 万 +99 万 ×1%（1 年期利率）≈100 万日元

同样，把 1 年后取得的 100 万日元，换算为今天取得的 99 万日元的价值（等于现在价值），这就是折现。1 年后取得的金额的现在价值，是用该金额乘 $\frac{1}{(1+\text{利率})}$ 算出的。这个利率也被称作折现率，$\frac{1}{(1+\text{折现率})^{\text{年数}}}$叫作复利折现因子。

1 年后取得的 100 万日元的现在价值是：

$$100\text{万}\times\frac{1}{(1+1\%)}\approx 99\text{万日元}$$

2 年后、3 年后、n 年后获得 100 万日元的现在价值是

2 年后：$100\text{万}\times\frac{1}{(1+1\%)^2}\approx 98\text{万日元}$

3 年后：$100\text{万}\times\frac{1}{(1+1\%)^3}\approx 97\text{万日元}$

n 年后：$100\text{万}\times\frac{1}{(1+1\%)^n}$

DCF 法的计算方法

如前所述，DCF 法是对各年现金流折现后的现在价值加总合计算出的不动产价值。我们举个例子，来看一下 DCF 法是如何计算不动产价值的。

第 1 年现金流：90 万日元 第 2～4 年现金流：100 万日元 第 5 年现金流：100 万日元 + 资产出售所得的现金流 2 000 万日元 折现率按 5% 计算

第 1 年现金流 90 万日元的现在价值：

$$90\text{万}\times\frac{1}{(1+5\%)}\approx 86\text{万日元}$$

第 2 年现金流 100 万日元的现在价值：

$$100\text{万}\times\frac{1}{(1+5\%)^2}\approx 91\text{万日元}$$

第 3 年现金流 100 万日元的现在价值：

$$100\text{万}\times\frac{1}{(1+5\%)^3}\approx 86\text{万日元}$$

第 4 年现金流 100 万日元的现在价值：

$$100\text{万}\times\frac{1}{(1+5\%)^4}\approx 82\text{万日元}$$

第 5 年现金流 100 万日元加卖出价格 2 000 万日元的现在价值：

$$2\ 100\text{万}\times\frac{1}{(1+5\%)^4}\approx 1\ 645\text{万日元}$$

将各年的现金流现值加总：86 万 +91 万 +86 万 +82 万 +1 645 万 =1 990 万日元

这就是 DCF 的计算方法。用公式表示的话，如下：

$$P = \sum_{k=1}^{n}\frac{a_k}{(1+r)^k} + \frac{P_R}{(1+r)^n}$$

P：不动产的收益价值

a_k：每期净收益

r：折现率

n：持有期间（分析期间）

P_R：将来的出售价格

实际上，我们可使用类似表 9.2 这样的表格（简化版举例）来计算。

表 9.2　DCF 的测算表

	第 1 年	第 2 年	第 3 年	第 4 年	第 5 年
现金流	90	100	100	100	100
出售所得					2 000

续表

	第 1 年	第 2 年	第 3 年	第 4 年	第 5 年
各年现金流合计	90	100	100	100	2 100
复利折现因子	0. 952 3	0. 907 0	0. 863 8	0. 822 7	0. 783 5
各年现金流的现在价值	86	91	86	82	1 645
现在价值合计（DCF 价值）			1 990		

DCF 法的图示如图 9. 2 所示。

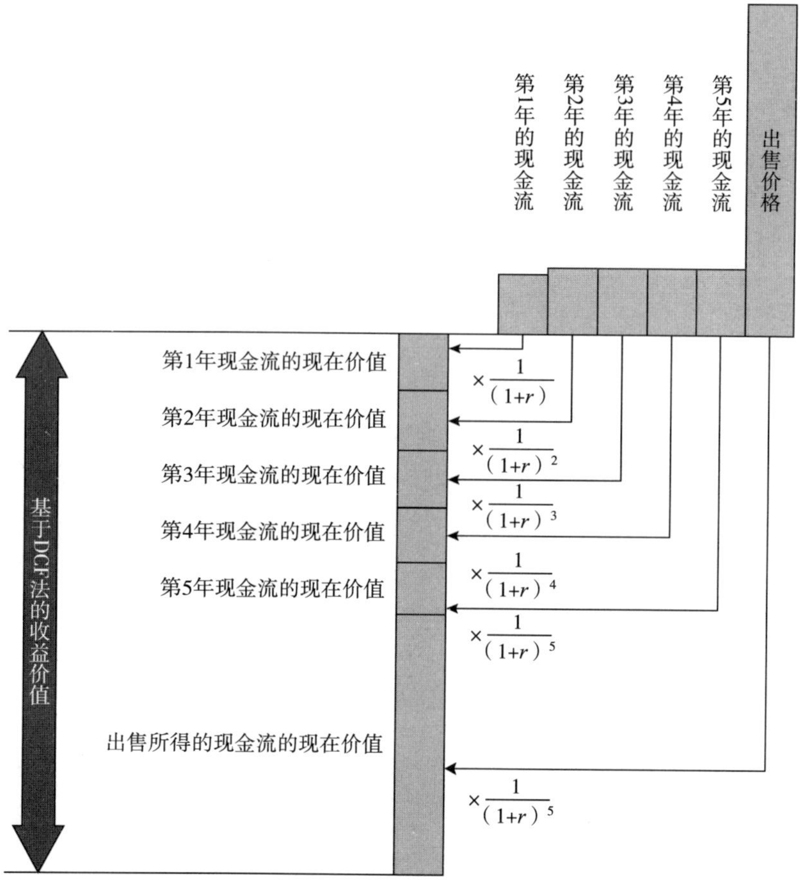

图 9. 2　DCF 法的图示

资本化率

资本化率的定义

资本化率是显示不动产投资回报率的代表性指标，用以下公式计算：

$$\frac{\text{净收益（}NOI\text{ 或 }NCF\text{）}}{\text{不动产价格}}=\text{资本化率}$$

用支出扣减前的毛收入来除以不动产的价格，得出的是毛回报率。与此相对，资本化率中已经扣除了支出部分，所以也被称作净回报率。

按照上式，同样价格的不动产，净收益越多，资本化率就越高。可以将资本化率理解为反映不动产收益性的指标。

反过来说，在类似物业的交易案例中，获取的资本化率，也可以作为目标不动产价格评估的重要工具，公式如下：

$$\frac{\text{净收益（}NOI\text{ 或 }NCF\text{）}}{\text{资本化率}}=\text{不动产价格}$$

在具体应用与资本化率有关的这两个公式时，资本化率以各种各样的名称和目的而被使用，如表 9.3 所示。前两个是“基于回报率基准来测算资产价格”，后两个是“从不动产的收益和价格来测算回报水平”。

表 9.3　资本化率的类型

名称	使用目的	关系式
还原利率	计算收益价值（评估值）	$\frac{\text{年初预期的（或标准的）净收益}}{\text{还原利率}}=\text{收益价值}$

续表

名称	使用目的	关系式
预期回报率	计算投资价值（投资人希望的买入价格）	$\frac{\text{年初预期净收益}}{\text{预期回报率}}=\text{投资价值}$
交易回报率	把握市场状况	$\frac{\text{年初预期的（或实际的）净收益}}{\text{市场观察到的交易价值}}=\text{交易回报率}$
运用回报率	把握（资产）运用成绩	$\frac{\text{实际净收益}}{\text{交易价格（或账面价值）}}=\text{运用回报率}$

资本化率基于地域和物件的不同而有差异。

预期今后的租金水平会上升，或根据高出租率的业绩或租约的约定等因素，预期将来的现金流会比较稳定的区域或物件，资本化率会偏低。反之，预期今后的租金可能会下降的区域或租金水平现状过高的物业、当前租户在退租后难以招租的物业，诸如此类收入不稳定、投资风险较大的区域或物业，资本化率会偏高。

两处不动产的收益即使一样，因资本化率不同，价格也会有差异。

> （算例 1）年收入 1 000 万日元的物业
>
> 资本化率（折现率）预计在 5%，收益价值是 2 亿日元（1 000 万 ÷5%）
>
> 预计在 6%，收益价值是 1.7 亿日元（1 000 万 ÷6%）

在讨论资本化率的时候，要注意作为分子的净收益用的是 *NOI* 还是 *NCF*。是用资本性支出扣除前的 *NOI*，还是资本性支出扣除后的 *NCF*，相应的结果也是不一样的。还有，是用实际的净收益计算，还是未来预期的净收益计算，得出的资本化率也会有差异。

特别是在对多个不动产进行比较的时候，要用同一口径予以计算。

（算例 2）价格 2 亿日元，*NOI* 是 1 000 万/年，摊销化的资本性支出是 60 万/年，即 *NCF* 为 940 万/年。
NOI 为基准的资本化率是 5%（1 000 万 ÷ 2 亿日元）
NCF 为基准的资本化率是 4.7%（940 万 ÷ 2 亿日元）

低资本化率的影响

资本化率低，如前面的算例 1 中所表达的，即使净收益一样，价格也要高一些。让我们把不动产的资本化率分解一下，可以得出以下公式：

【不动产的资本化率】 = 【无风险利率】 + 【不动产的风险溢价】 - 【预期成长率】

无风险利率，是像国债等没有本息风险损失的资产（无风险资产）的回报率。

不动产的风险溢价，说的是投资人在投资不动产时，本息损失的风险比无风险资产会高出一些，那就要求获得比无风险资产更高的收益（所谓溢价）作为风险补偿。预期成长率，说的是关于不动产的现金流，预期会有多大程度的增加或减少。预期成长率增加，资本化率下降；而预期成长率下降，资本化率上升。

根据前面的公式，无风险利率如果是确定的，左右资本化率的指标是不动产的风险溢价和预期成长率。

我们将上述关系整理如下。

不动产的风险溢价和预期成长率的方向及其影响效果通常是相反的。不过，个别情况下，两者同时上升或下降的时候也是有的。

根据前面的公式，【风险溢价 - 预期成长率】增加，资本化率会上升；减少的话，资本化率则会下降。

不动产的风险溢价	下降	上升
不动产预期成长率	上升	下降
	↓	↓
资本化率	下降	上升
不动产价格	上升	下降

专栏　成长率上升，资本化率下降？

“资本化率指什么？”和“‘资本化率’的降低是指什么”这两个资本化率分别用两种公式表达：

第一个资本化率的公式是：

$$\frac{\text{净收益（}NOI\text{ 或 }NCF\text{）}}{\text{不动产价格}} = \text{资本化率}$$

第二个资本化率公式是：

不动产的资本化率 = 无风险利率 + 不动产的风险溢价 - 预期成长率……①

从中可以看出，“预期成长率上升，资本化率会降低”的变量关系。

但是为什么会有“预期成长率上升，资本化率会降低”的关系呢？一般认为，预期成长率上升，将来的预期收益会增加，代表回报率的资本化率也应该一同上升才对呢。

上述两个资本化率公式，理应表达的是同一个概念，但读者恐怕也没看出相似之处吧。

这个问题的道理是这样的。

如“DCF 法”中所示，不动产价格是未来现金流（亦可理解为 NOI）的现值合计，如此，不动产价格 P 的公式是：

$$P=\frac{NOI}{1+r}+\frac{NOI}{(1+r)^2}+\frac{NOI}{(1+r)^3}+\frac{NOI}{(1+r)^4}+\cdots \qquad \cdots\cdots②$$

未来现金流以“$g\%$”的比率增加的话，第一年之后的分子部分，每年都要乘以这个增长率，②式就演变为如下分式（下面的推导稍有繁杂，不擅长公式的读者大可默认成立，而直接跳跃至④式）。

$$P=\frac{NOI}{1+r}+\frac{NOI(1+g)}{(1+r)^2}+\frac{NOI(1+g)^2}{(1+r)^3}+\frac{NOI(1+g)^3}{(1+r)^4}+\cdots \qquad \cdots\cdots③$$

进一步分解：

$$P=\frac{NOI}{1+r}+\frac{NOI(1+g)}{(1+r)(1+r)}+\frac{NOI(1+g)^2}{(1+r)(1+r)^2}+\frac{NOI(1+g)^3}{(1+r)(1+r)^3}+\cdots \qquad \cdots\cdots③a$$

把 $\frac{1+g}{1+r}$ 替换为 A，则③a 可写为：

$$P=\frac{NOI}{1+r}+\frac{NOI}{1+r}A+\frac{NOI}{1+r}A^2+\frac{NOI}{1+r}A^3+\cdots$$

$$=\frac{NOI}{1+r}+\frac{NOI}{1+r}\sum_{k=1}^{\infty}A^k \qquad \cdots\cdots③b$$

等式两边同时乘以 A：

$$PA=\frac{NOI}{1+r}A+\frac{NOI}{1+r}A^2+\frac{NOI}{1+r}A^3+\cdots=\frac{NOI}{1+r}\sum_{k=1}^{\infty}A^k \qquad \cdots\cdots③c$$

用 b 减去 c：

$$P-PA=\frac{NOI}{1+r} \qquad \cdots\cdots③d$$

因为，A 代指$\frac{1+g}{1+r}$，进一步演化如下：

$$P-PA=P-P\left(\frac{1+g}{1+r}\right)=P\left(1-\frac{1+g}{1+r}\right)=P\left(\frac{1+r-1-g}{1+r}\right)$$

$$=P\left(\frac{r-g}{1+r}\right)=\frac{NOI}{1+r} \quad \cdots\cdots③e$$

整理一下，得出下式：

$$P=\frac{NOI}{r-g} \quad \cdots\cdots④$$

此处的 g 前面是负号，但式④的形态中是在分母中减去 g，因此，“g 如果变大（预期成长率增加），分母会变小”，不动产价格 P 会变大，也就非常明了了。

在此，我们回看一下“（1）资本化率指什么”的最初公式：

$$CAP=NOI/P \quad \cdots\cdots⑤$$

“g 变大，不动产价格（式⑤中的 P）会上升，而资本化率会下降”这个推导关系，也就明确了。

进一步把④中的 P 和 $r-g$ 置换，则得出：

$$r-g=NOI/P \quad \cdots\cdots⑥$$

⑤和⑥中的 $r-g$ 是共通的，整合一下，就可得出：

$$CAP=r-g \quad \cdots\cdots⑦$$

在此，不动产投资中适用的折现率 r，可分解为无风险利率 r_F 和不动产的风险溢价 r_P，式⑦进一步展开为：

$$CAP=r_F+r_P-g$$

至此，上述公式同式①达成了一致。

最终，预期成长率上升的话，资本化率是下降的。背后的逻辑在于，预期成长率的上升，带来的是价格的上涨。

IRR

IRR 的定义

IRR 是 Internal Rate of Return 的简称，译作内部收益率，以百分号为单位标识。*IRR* 其实是让 DCF 求出的现在价值与不动产投资额相等时的折现率，也可以说是对于投资额而言的收益率。

又是折现率，又是收益率的，听起来总归是麻烦，关于这一点可参照本节末尾的专栏，将其看作一种收益率，以不动产项目在投资期间所预期产生的现金流和该不动产投资所需的资金为基础，来计算投资的合理性。这个收益率如果超过投资人的预期回报率，那就可以进行投资，*IRR* 要说的就是这个意思。

IRR 的算例

5 年期的不动产投资：	
当初投资额	2 200 万日元
第 1 年年末到第 5 年年末的租金现金流	100 万日元/年
第 5 年年末时，不动产出售时的现金流	2 000 万日元/年

$$\text{第 1 年的现金流 100 万}:100\text{ 万}\times\frac{1}{(1+r)} \quad\cdots\cdots ①$$

$$\text{第 2 年的现金流 100 万}:100\text{ 万}\times\frac{1}{(1+r)^2} \quad\cdots\cdots ②$$

$$\text{第 3 年的现金流 100 万}:100\text{ 万}\times\frac{1}{(1+r)^3} \quad\cdots\cdots ③$$

$$\text{第 4 年的现金流 100 万}:100\text{ 万}\times\frac{1}{(1+r)^4} \quad\cdots\cdots ④$$

$$\text{第 5 年的现金流 100 万 + 2 000 万}:2\ 100\text{ 万}\times\frac{1}{(1+r)^5} \quad\cdots\cdots ⑤$$

基于前面的算式：

未来现金流的现在价值总和（①+②+③+④+⑤）=投资额

据此算出的折现率 r，就是投资中的 *IRR*。公式可进一步展开如下：

$$投资额 = \sum_{k=1}^{n} \frac{a_k}{(1+r)^k} + \frac{P_R}{(1+r)^n} \qquad \cdots\cdots (i)$$

a_k：每期净收益
r：折现率
n：持有期间（分析期间）
P_R：将来的出售价格

算例的条件代入到式子里：

$$2\ 200 = \sum_{k=1}^{5} \frac{a_k}{(1+r)^k} + \frac{2\ 000}{(1+r)^5}$$

满足该等式的 r 值（*IRR*），大约是 2.827%。

IRR 的图示如图 9.3 所示。

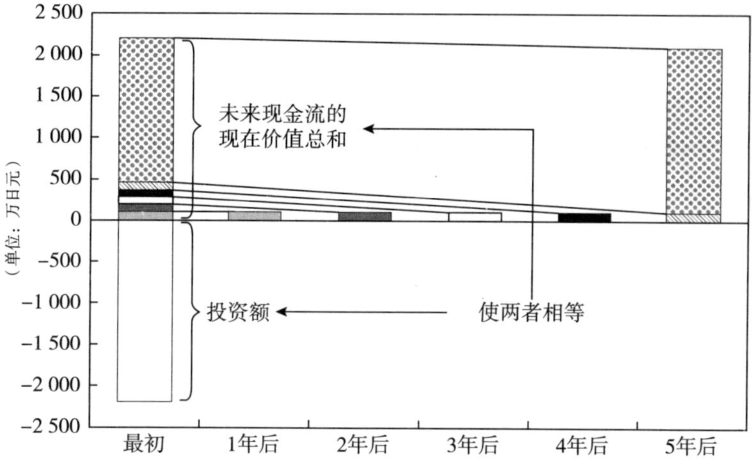

图 9.3 *IRR* 的图示

专栏 IRR 是用折现率表示的收益率吗？

第 5 节的开头，提到了 *IRR* 是让投资额和不动产的现在价值相等时的折现率，还说“是对于投资额而言的收益率”，说法上有点复杂，而它实际上到底是什么呢？

我们用先前的例子来看一下。

5 年期的不动产投资：	
当初投资额	2 200 万日元
第 1 年年末到第 5 年年末的租金现金流	100 万日元/年
第 5 年年末时，不动产出售时的现金流	2 000 万日元/年

让我们看一下回报率是百分之多少吧。

表面来看，2 200 万日元的不动产投资额，5 年后卖了 2 000 万日元，损失了 200 万日元。其间，每年有 100 万日元的租金收入，合计 500 万日元。这样一来，5 年间有 300 万日元的正收入，年回报是 3% ［即 60 万日元（年）/2 000 万日元］。

此时，如果折现率为 0，这种理解也是对的，但这种情况几乎是没有的。

如“DCF 法”中所言，金钱有时间价值，要把将来产生的现金流折为现值。

假设现在折现率就是按前面算出来的 3% 来做假定的，那这项投资的价值又如何呢？

表 9.4 是按照 3% 的折现率，计算得出的现在价值表。

像表里显示的，假设取折现率为 3% ，计算现金流的现在价值，则回收金额的现在价值不过只有 2 183 万日元，还不及当初投资额的 2 200 万日元（其实是损失了）。这表示，这项投资用 3% 的折现率是过高了，实际上达不到 3% 。

表 9.4　折现率按 3% 计算的话……

（金额和现在价值的单位：万日元）

时点	最初	1 年后	2 年后	3 年后	4 年后	5 年后		回收
内容	当初投资额	租金	租金	租金	租金	租金	出售额	合计
实际金额	2 200	100	100	100	100	100	2 000	2 500
现在价值	2 200	97	94	92	89	86	1 725	2 183
复利现值率	1.000 0	0.970 7	0.942 6	0.915 1	0.888 5	0.862 6	0.862 6	

注：折现率 3%。

那么，按上述式（i），我们看一下让当初投资额和将来现金流的现在价值相等的回报率 *IRR*。计算一下的话，确实不到 3%，得出的大约是 2.827%（实际上是 2.827215244535%）这个数值。

以这个值为折现率的计算表，如表 9.5 所示。为精确起见，“回收合计”的现在价值取值到小数点后的第 5 位，精确到 0.1 日元的水平。

“回收合计”的现在价值，恰恰等于 2 200 万日元。那么我们用 2.827…% 来试算一下将来价值。

表 9.5　折现率以 *IRR* 计算的结果

（金额和现在价值的单位：万日元）

时点	最初	1 年后	2 年后	3 年后	4 年后	5 年后		回收
内容	当初投资额	租金	租金	租金	租金	租金	出售额	合计
实际金额	2 200	100	100	100	100	100	2 000	2 500
现在价值	2 200.000 0	97	95	92	89	87	1 740	2 200.000 0
复利现值率	1.000 0	0.972 5	0.945 8	0.919 8	0.894 5	0.869 9	0.869 9	

注：折现率 2.827%（实际按小数点后的 12 位计算）。

如表 9.6 所示，当初投资额为 2 200 万日元，按照 5 年的复利回报进行投资，四舍五入到 1 日元，得到的金额是 2 529 万零 828 日元。这个数额，同将每年收到的租金进行再投资（投资到第 5 年后的年末），而得到的回收合计的 2 529 万零 828 日元，是完全一致的。

表 9.6 用 *IRR* 来计算将来价值

（金额和现在价值的单位：万日元）

	a	b	c	d	e	f	g	h
内容	当初投资额	1 年后租金	2 年后租金	3 年后租金	4 年后租金	5 年后租金	出售额	回收合计
实际金额	2 200	100	100	100	100	100	2 000	2 500
将来价值	2 529. 082 83	112	109	106	103	100	2 000	2 529. 082 83
复利乘数	1. 149 6	1. 118	1. 087 2	1. 057 3	1. 028 3	1. 000 0	1. 000 0	

注：年率 2. 827%（实际按小数点后的 12 位计算）。

这里，假如把“a”的金额不去做不动产投资，而全部投入到回报率为 2. 827…% 的投资品中，并按复利模式来投资，这和实际上投资到不动产上，将 b ~ e 每年的租金收入按 2. 827…% 的复利进行投资，5 年后获得的合计回收金额是相等的。

换句话说，“这个不动产投资”和国债等产品的现金流模式虽有不同，但从结果上来看，其所表示的是：“这和将本金投入到回报率是 2. 827…% 的产品，以复利模式投资，是一样的。”

下划线的部分，不正是“收益率”的概念吗？

因此，*IRR* 是一种收益率，在投资时可以此为标准，做投资与否的判断。

LTV

LTV

LTV 是 Loan to Value 的简称，可按英文简称或全称来读，是用以检证债券或贷款的安全性指标（与后文的 DSCR 并用），通常在债券评级的时候也会用到。

LTV 是 SPC 或 J-REIT 的公司债和借款等的负债额和担保资产评估值的比率，以百分比来表示，通常也叫质押率。

LTV = 公司债和借款等 ÷ 资产评估额

第 2 章对“杠杆”已经做了阐述，它是基金资产总额和出资额（权益部分）的倍数，也被称作杠杆比率。

LTV 和杠杆比率的关系式如下：

$$杠杆比率 = \frac{1}{(1 - LTV)} = \frac{V}{E}$$

V 为基金资产总额，*L* 为借款额，*E* 为权益资本。推导如下：

$$\frac{1}{(1 - LTV)} = \frac{V}{(1 - \frac{L}{V})} = \frac{1}{\left(\frac{V - L}{V}\right)} = \frac{1}{\left(\frac{E}{V}\right)} = 杠杆比率$$

LTV 越低，杠杆比率越低，安全性越高。反之，*LTV* 越高，杠杆比也越高，违约风险也高，这种被称为高风险、高收益型的投资品。

比如说，总额为 1 亿日元的基金的两种情况如下。

总额 1 亿日元，权益出资额 1 000 万日元，借款 9 000 万日元：

LTV = 9 000 万/1 亿日元 = 90%，杠杆比率 = 1 亿日元/1 000 万日元 = 10 倍

总额 1 亿日元，权益出资额 6 000 万日元，借款 4 000 万日元：

LTV = 4 000 万/1 亿日元 = 40%，杠杆比率 = 1 亿日元/6 000 万

日元 = 1.67 倍

这时，假定因市场恶化，基金亏损了 10%，因为要先还借款，第一种情况下的权益出资部分就都亏掉了。在第二种情况下，还了 4 000 万借款后，权益出资额的 6 000 万只能回收 5 000 万，损失了 17%。

对于 J-REIT，*LTV* 的上限一般不会超过 60%，实际上大多在 50% 左右，不过私募基金的 *LTV* 一般在 60% ~80% 之间。

LTP

与 *LTV* 类似的概念，还有 *LTP*（Loan to Purchase Price，贷款购买价比）。这里面，*LTV* 是 “loan ÷ value（出借方的评估额）”，与此相对，*LTP* 的分母是物业的 “购入价格”（即意向买家的评估值）。

通常而言，与购入价格（意向买家的意向出资额）相比，出借方的评价更为保守。比如说，有人愿出 5 000 万来购入一个物业，即便有市场的支撑，金融机构也不会原原本本地按照 5 000 万的价值来做评估，而会比之更低，这一点也很容易理解。因此，两者之间有差异是常例。

正如前述那样，通常来说，与出借方给出的额度相比而言，购入价格往往会更高，因为这些都是分母，所以 *LTP* 在一般情况下小于 *LTV*。

表 9.7　*LTV* 及其他关系一览

指标	*LTV*	*LTP*	*LTC*
分子	贷款金额		
分母	出借人眼中的价值	购入价格（所有者认定的价值）	左侧购入价格 + 各种费用
分母的大小比较	<	<	
指标的大小比较	>	>	

例如，有人打算用 1 亿日元购入某物业，其中贷款 4 000 万日元，出借方的评估值如果是 8 000 万，则 *LTV* 是“4000 万/8000 万”得出 50%，而 *LTP* 是“4000 万/1 亿”得出 40%。还有一个指标用得不多，叫作 *LTC*（Loan to Cost，贷款成本比），分母是在 *LTP* 中的购入价格基础上，加上相关的税费成本，这样一来，分母就更大了。所以 *LTC* 的值比 *LTP* 还要小。上述总结如表 9.7 所示。

DSCR

DSCR 是 Debt Service Coverage Ratio 的简称，被称为“偿债备付率”或“偿债覆盖率”。用每年的净收益除以借款或公司债的本息偿还额，以倍率或百分号来表示。该指标用以显示对借款或公司债的偿还能力，该数字越大，偿还力越强，安全性越高。

DSCR = 每年净收益 ÷ 每年本息偿还额

即使每年的本息偿还额不变，由于年净收益会有增减，*DSCR* 也会变化。不满 1 倍（100%）的话，就意味着每年的净收益不能满足借款的偿还要求。

比如说，每年的借款本息偿还金额为 100 万，

每年净收益是 140 万的话，*DSCR* 是 140 万 ÷100 万 =1.4

每年净收益是 120 万的话，*DSCR* 是 120 万 ÷100 万 =1.2

每年净收益是 90 万的话，*DSCR* 是 90 万 ÷100 万 =0.9

简单来看，这个指标经常被作为融资时的协议条款（covenant，基于财务状况，以能快速收回融资为条件而设定的特别要求）的其中一类。反之，从借款人的角度来看，这个值如果低于要求值，金融机构可能会直接要求偿还全部的融资金额，所以在平时要特别注意。

利差

对于投资人而言，作为不动产是否具备投资吸引力的判断指标，会用到“利差”。这个指标表达的是不动产投资回报率（资本化率或 J-REIT 的分红回报率）与长期利率相比有多大的差异。作为比较对象的长期利率，往往用风险最小的长期债券利率或 10 年期国债利率。

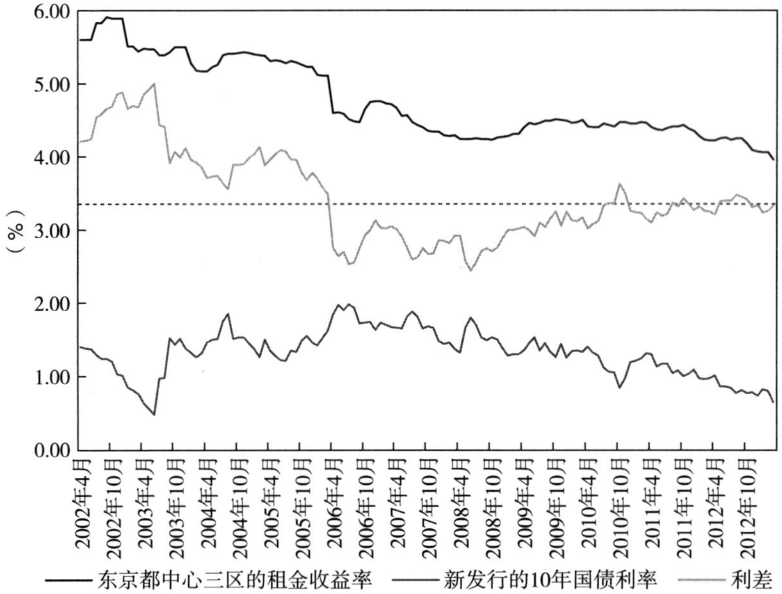

图 9.4　东京都中心三区的利差

资料来源：一般社团法人不动产证券化协会。

图 9.4 是一般社团法人日本不动产证券化协会公布的都心三区（千代田区、中央区、港区）的办公楼租金收益率和新发行的 10 年期国债利率比较之下的利差。

可以看出，国债利率稍有下行的同时，租金回报率也会下来一些，两者大体会维持 3% 多一点的差异（利差）。

这个可以解释为，市场参与者对国债利率（无风险利率）超出部分的预期，过去在4% ~5%左右，目前稳定在3%多一点的水平。

不动产投资的风险和收益

不动产投资中的交易，具有很强的个别性和区域性特征，要想把握不动产市场的全貌是非常难的。所以，投资判断的做出，向来多是基于当事人的经验。但是，为探讨不动产投资的合理性，客观评价投资业绩以及定量把握投资中的风险和收益，也是不可或缺的。

均值・方差法

其中一个便是“均值・方差”法。

这是通过对资产的平均收益和方差（参照下文表示风险的指标）进行比较，判断投资与否的方法。

n 个数据的平均收益用 $\overline{X}$ 、每个数据的值用 X_k来表示，方差是每个数值和平均值的差的平方，求和后再除以个数 n（或者除以 $n-1$，这被称作自由度调整），表达公式为：

$$\sum_{k=1}^{n} \frac{(X_k - \overline{X})^2}{(n-1)}$$

各数值同平均收益率的偏差，假设按服从正态分布来考虑，此时就能根据其同均值的离散程度来计算发生的概率。

图9.5是正态分布的样图，以中间的0（在做投资判断的时候，可置换为平均收益率）为中心，左右两端以标准差（方差的平方根）作为分位，扩展为曲线的形态。

如上文所示，方差是个平方的概念，难以直接和平均值（平均收益率）来比较，因此取1次平方根予以修正，得出标准差。

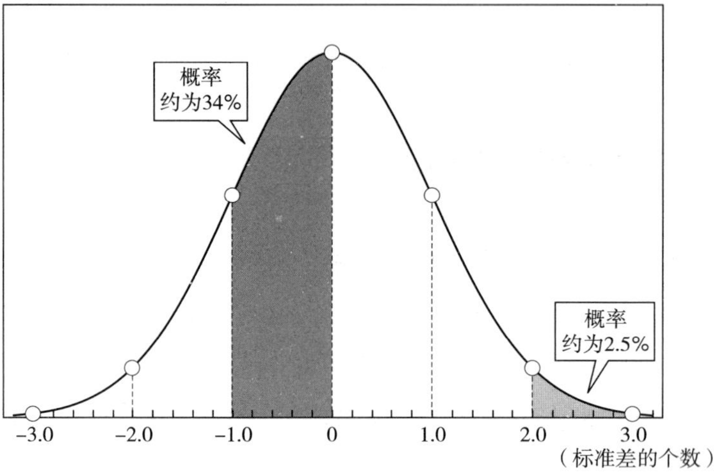

图 9.5　正态分布

收益率落在横轴的正负 1 个标准差以内的概率是 68%，偏离均值两个标准差以上的单侧概率是 2.5%（包括高和低的两种情况，合计 5%）。更进一步，收益率在单侧（特别是价格下降的情况）超出偏离均值 3.1 个标准差的概率是 1‰，属稀有事件。VaR（Value at Risk，风险价值）模型就是基于这种想法的应用。

现在，我们看一下实际的资产是如何变动的吧。

图 9.6 展示了日本全国商业用地和东京港区商业用地的公示地价以及东证股价指数（TOPIX），自 1971 年以来的变化率的均值及标准差的比较。

横轴是年变化率（即波动性），日本全国商业用地的波动性是较小的，港区的商业用地虽然平均收益率（峰值）稍高一些（偏右一些），但波动性更大，而东证股票价格指数的这个特征就更明显了。

公示价格的变化率，虽然不能直接交易，但假设将其视为可交易的产品的话，就可以简单地做以下比较：是选择收益率相对较低、波动性也小的日本全国商业用地，还是选择波动性大、收益率也相对较

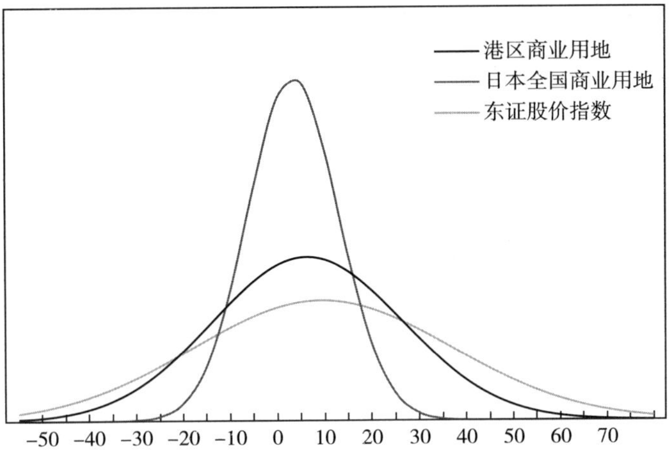

图 9.6　东证股价指数和地价涨跌率的分布比较

资料来源：国土交通省地价公示和东京证券交易所的东证股价指数。

高的东证股价指数呢？东证股价指数和变化率的统计值如表 9.8 所示。

表 9.8　东证股价指数和变化率的统计值

数据	平均收益率（%）	标准差
日本全国商业用地	0.9	9.46
东京都港区商业用地	3.83	20.06
东证股价指数	6.93	27.33

资料来源：国土交通省地价公示和东京证券交易所的东证股价指数。

风险和收益的组合

我们在前面已经看到，资产不同，收益率和风险（波动性）也是多样的。

人们在投资时，会听到诸如“低风险、低收益”或“高风险、高收益”之类的表现，这里指的到底是什么呢？

在图 9.7 中，横轴代表风险（波动性），纵轴代表收益率，让我们看一下不同的风险与收益的组合。这些都是相对比较值，轴上的绝对性的百分比值（比如 4%）并没有具体的意义，这一点需要注意。

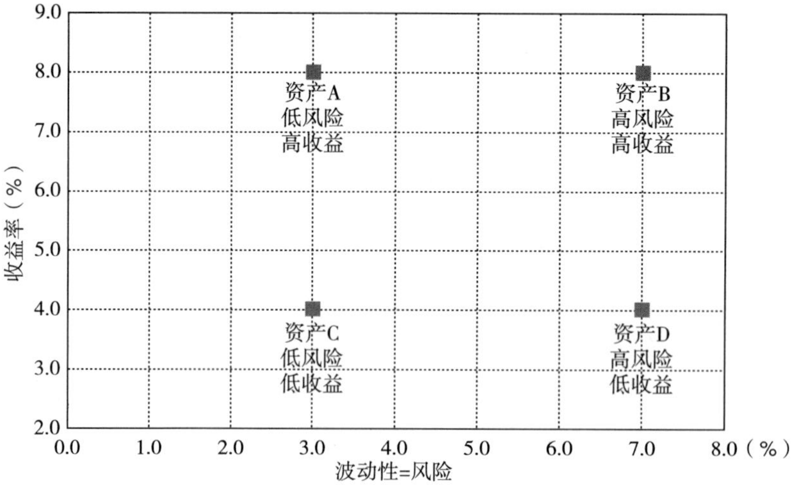

图 9.7　风险和收益的组合模式

那么，假如是这样的资产，每种资产的收益率的分布会是怎样的呢？

图 9.8 按上述条件对从资产 A 到资产 D 的正态分布做了比较。

我们在此就先将“收益率在 0 以下（损失的可能性）”设定为基准。

上图所指明的是，低风险、高收益的资产 A，收益率在“0 以下”的可能性几乎没有，而资产 D 则有 28.4% 的较高概率。

还有，资产 B 和资产 C 比较而言，资产 B 的平均收益率高一些（8%），但波动性也大（7%），曲线更加扁平。因此，与低收益率（4%）、低波动性（3%）的资产 C 相比，资产 B 的收益率落入“0 以下”的可能性更大一些。

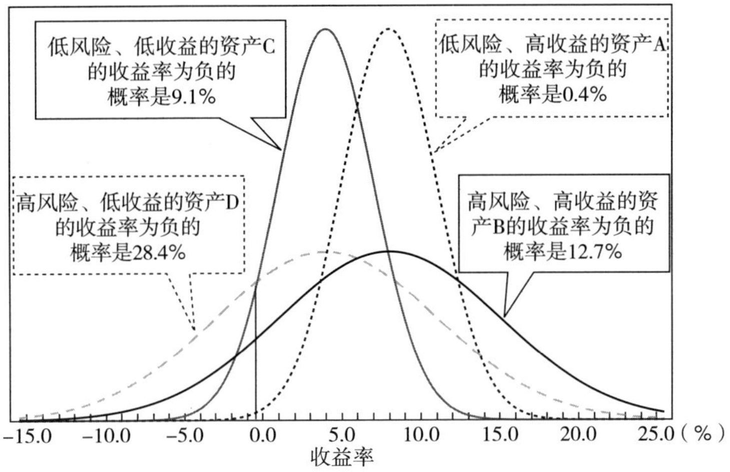

图 9. 8　资产 A、B、C、D 的正态分布曲线

所以说，投资时不仅要看回报的高低，还要充分考虑风险的大小。

那对于这些资产来说，应该怎么样投资才合适呢？

低风险、高收益的资产 A，是最为理想的投资对象，但其在现实中是不存在的。就拿这个例子来说吧，资产 A 的收益率是 8%，假如有这类资产，大概就会有投资人愿意以两倍的价格来购买。如果价格翻倍的话，回报率就变为 8% 的一半，即 4% 了。通常来说，“价格上升和回报率下降”是一对组合，回报率就这样回落下来。所以，低风险、高收益的资产，就变为了低风险、低收益的资产。

结果，作为投资对象的现实合理选择就变成高风险、高收益的资产 B，或者低风险、低收益的资产 C 了。那么，如果对资产 B 和资产 C 进行组合投资，作为组合整体的风险和回报是如何表现的呢？这是不是一个“好的资产组合”呢？

有效边界

作为投资品的特性，除了前面说的“平均收益率的高低”和

“标准差（波动性）的大小”，还有“相关系数”（参照本章的专栏，简单说就是关联的程度）这一要素。

比如说，假设两种资产的价格变动完全一致，其中一种的价格翻倍的话，另一种也会翻倍。其中一种减半，另一种也会减半。这么一来，资产总额的波动，与只持有一种资产的效果是一样的。

反之，假设一种资产的价格变动（上涨或下降），另一种资产总是以反方向的同幅度变动的。此时，一方的上涨和下降，必然带来另一方的下跌或上涨，资产总额是一定的。

世上的资产不会是上述的“完全一致”或“完全逆行”，但比较多的是一定程度上的一致或负相关，或者（几乎）无关联。

将各具关联性的资产进行组合，该资产组合作为整体而呈现出的风险和收益状态，叫作“有效边界”（如图 9.9 所示）。

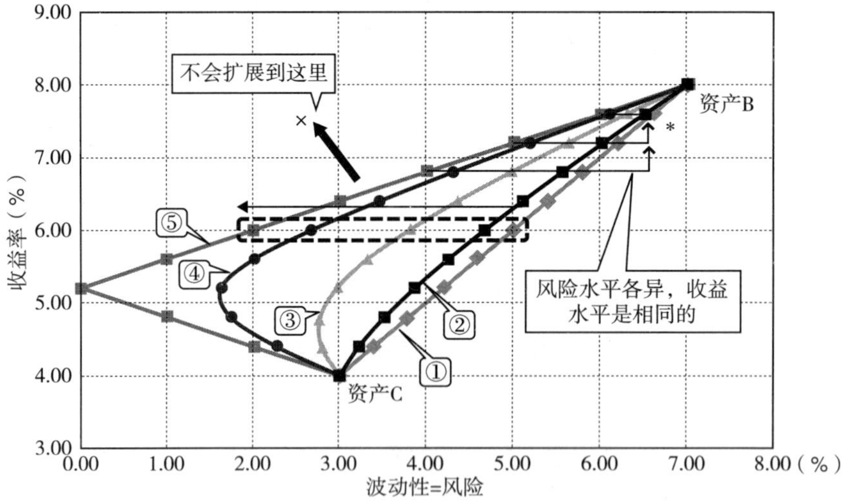

图 9.9　不同相关性水平下的两种资产组合有效边界

图 9.9 以前述资产 B 和资产 C 这两种资产为例，从右向左，两种资产的相关系数分别是①1.0（完全相关）、②0.7（大体上相关）、

③0.0（不相关）、④-0.7（大体上负相关）、⑤-1.0（完全负相关），该图是对这5种变化情形的结果表现。

最下面的点是“100%都是低风险、低收益的资产C”，下一个点是“资产C占90%，高风险、高收益的资产B占10%”，随后以10%的比例逐次变化，最后达到“资产B占比100%”的组合状态，以计算其平均收益（Y轴）和波动性（X轴）。

图中右上方的＊印记所表明的是，无论相关系数的水平是多少，只要资产B和资产C的比重一致，其加权平均收益率都是相同的。

途中的虚线方框所围的部分，代表对两种资产各持一半的情况。因此，收益率（Y轴）位于上下方向的正中间。

从风险（X轴）来看，右端的“相关系数为1（完全相关）”的情况，风险的大小水平也处在两种资产各自风险水平的中间位置。但是，随着相关系数的降低（弱相关的②，不相关的③、负相关的④和⑤），曲线向图表的左端扩展，换句话说，我们可以看到整体的风险是在降低的。

此时，收益率（纵轴）没有变化，只是波动性（风险）在降低，是水平的向左变化，换句话说，要注意并不是向左上方去扩展的。

顺便说一下，“相关系数为-0.7”的④的情况，实际上是将二次曲线倒过来，再横向放置曲线的情况。

结果，在组合资产的时候，在预期收益或波动率在同样水平的情况下，“相关系数为负=反向变动”的资产组合，有可能实现收益率保持不变，而仅使风险降低。

多资产的情况

前面说的是两种资产的情况，在3种资产的情况下，风险还会进一步降低。

图 9.10 是对假设的“股票”、“债券”和“不动产”这 3 种资产进行组合，来计算其有效边界的。

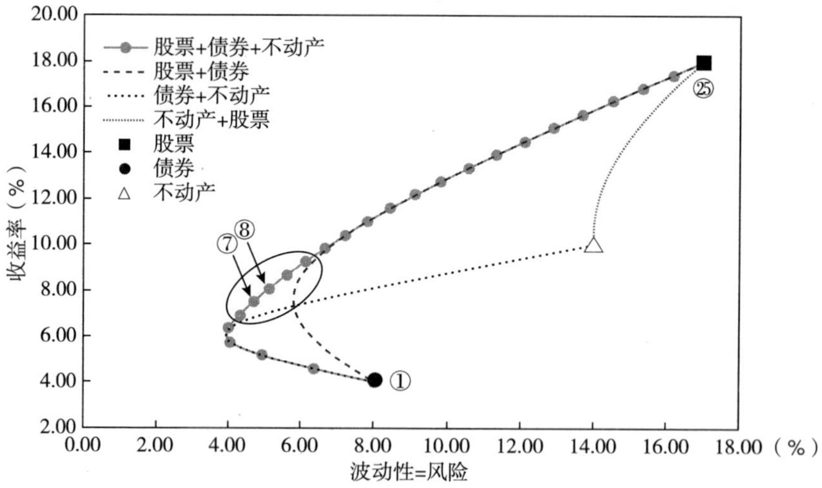

图 9.10　比较两种资产组合和 3 种资产组合的有效边界

上述计算的假定条件是：不动产的收益和风险都是中等的（middle risk，middle return），股票和不动产有一定的正相关性，但两者与债券是负相关的，实际的假设数值如表 9.9 所示。

表 9.9　有效边界（图 9.10）的前提条件假设

	股票	债券	不动产	收益率（%）	标准差
股票	1.00①	-0.4	0.8	18	17
债券	-0.4	1.00①	-0.7	4	8
不动产	0.8	-0.7	1.00①	10	14

注①：由于表“自身和自身的联动性”，相关系数为 1。

从图 9.10 中可见，在椭圆中，“股票 + 债券”和“债券 + 不动产”的两种资产所不能达成的风险和收益组合，通过“股票 + 债券

+不动产”的3种资产的组合可以做到。

图9.11是图9.10中各个点所对应的构成比，从有效边界最下方的起点（债券100%）开始。虚线方框所围部分，是自下开始计算的第7~8个，是在图9.10的有效边界的图中，箭头指向的点所对应的资产构成比。

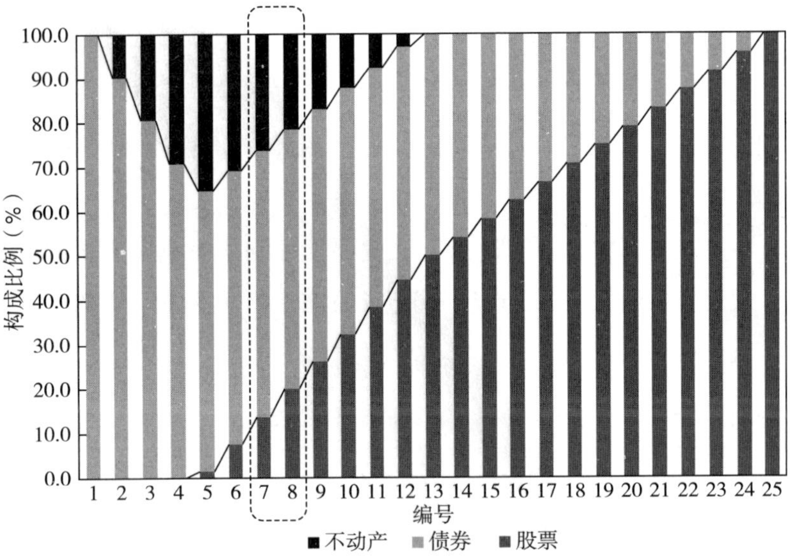

图9.11 有效边界各点上的资产构成比

我们不能说“进行资产组合，风险一定会降低”，也未必是“资产越多越好”，但3种资产可构造出两种资产无法实现的风险和收益组合。

不动产收益率特有的问题

自相关

要注意到，不动产的收益率与其他资产相比，具有包含差异性的特征。其中一个便是自相关的程度。

所谓自相关，是指同其本身的前几期的相关性，不动产的涨跌率（即资本利得收益率）和前一期（总之是前一年）的自相关程度是非常高的。

我们看一下实例吧。比如说，根据地价公示所发布的“东京都港区商业用地”的涨跌率，1971—2013 年，每期及其后面一期的相关系数达到 0.7 之高的水准。而“日本全国商业用地”的话，也有 0.69，几乎没什么变化。

另一方面，用同样的方法（比较去年和今年年初第一个工作日之间的涨跌）来看东证股价指数的涨跌率，计算出的自相关是 0.006，可以说几乎是“不相关”的关系。

计算相关系数时，（涨跌率的）值的大小对其也是有影响的。那么，现在简单地看一下，比较一下今年的涨跌方向和前一年的涨跌方向，就如表 9.10 所示。

表 9.10　1971—2013 年的“去年和今年”涨跌关系

	东证股价指数				东京都港区商业用地				日本全国商业用地		
		去年				去年				去年	
		上涨	下跌			上涨	下跌			上涨	下跌
今年	上涨	18	9	今年	上涨	18	3	今年	上涨	19	2
	下跌	8	7		下跌	4	17		下跌	3	18

东证股票价格指数的情况是，“去年上涨、今年也上涨”的也不少，但反过来，我们看一下在“去年下跌”的情形下，今年上涨和今年下跌的比例是 9∶7，几乎是一半一半。另外，看一下地价公示的涨跌率，无论是上涨还是下跌，和去年的涨跌方向相同的比例达到了 85% ~90% 。

这么说来，地价前一年是上涨的话，往往会继续涨，而是下跌的话，也往往会继续跌，我们可以看出这样的趋势特征。

流动性和价格跳跃

还有一个问题在于，不动产的每个物业的个别性都很强，往往是缺乏流动性的。

同样的事物可从正反两面看，不太有流动性的时候，急于出售资产的话，无论如何，都会比市场价格有一定的折让，这可能使其无法实现预期的收益。因为是和交易对手来交涉的，和有价证券不同，不动产常有超过10%的折价。

如果想卖的物件特别受欢迎，在买家排队等候或邻地买卖（在预出售的物业附近的不动产的业主，常常愿意出高价来买）的时候，有可能会以高于市场的价格卖出。这意味着，和有价证券相比，不动产在出售时的价格有相当程度的不确定性，这一点有必要事先考虑到。

专栏　相关系数的下降和风险的降低

从图9.9中可见，相关系数越小，资产组合的波动性（风险）也越小，但这又是为什么呢？

实际上，相关系数和资产组合的波动性（风险）有一个共同的系数。

我们先从相关系数的构造开始看一下吧。

相关系数是一个数值，反映了两个变量之间有多大程度的联动性。用公式表达（此处就以本章“有效边界”中的资产B和资产C来做说明）如下所示：

$$\text{相关系数}=\frac{\text{B和C的协方差}}{(\text{B的标准差})(\text{C的标准差})}=\frac{Cov\,(\mathrm{BC})}{\sigma_{\mathrm{B}}\sigma_{\mathrm{C}}}$$

其中，*Cov*是“协方差”（Covariance）的缩写，σ表示标准差（方差的平方根）。

在此，“B 和 C 的协方差”公式如下：

$$Cov(BC)=\sum_{k=1}^{n}\frac{(B_k-\bar{B})(C_k-\bar{C})}{n} \quad \cdots\cdots ①$$

（注意，这是一个二次方的概念。$\bar{B}$ 等所表示的是“B 的平均”。）

从公式的形式来看，其表达的是 B 和 C 的联动性（包括反方向的），以及两者同时偏离其均值的程度。

标准差 σ 表达的是波动性、离散度的大小，所以，相关系数是“以 B 和 C 联动的离散度，除以单独 B 的离散度和单独 C 的离散度”。

①式中的分子部分，与单变量中的二次方的“方差”不同，有正负号双向的取值（比如B 大于 B 的均值，而 C 小于 C 的均值时），这一点要注意。下划线的情况表示的是两者呈反方向的关联性。

接下来，我们看一下 B 和 C 两种资产进行组合的风险。

此时，组合的方差（标准差的二次方）用下式计算。

$$W_B^2Var(B)+W_C^2Var(C)+2W_BW_CCov(BC) \quad \cdots\cdots ②$$

其中，W_B 是资产 B 的占比，W_C 是资产 C 的占比（两者相加为 100%），*Var*（B）是资产 B 的方差（标准差的二次方），*Cov*（BC）是资产 B 和 C 的协方差。

先前的算例中，让资产 B 和 C 的标准差（波动性）不变，只改变两者的相关系数。相关系数如前所述，计算如下：

$$\frac{Cov(BC)}{\sigma_B\sigma_C} \quad \cdots\cdots ③$$

前述的 *Var*（标准差 σ 的二次方）不变，如果资产的占比 W 也一定，②式中能变的也只有 *Cov*（BC）了。

再看相关系数的③式，B和C的σ是不变的，可见“要让相关系数变小，就要让协方差变小（正值趋向0，进一步到负值）”，因为②式中的第3项在逐渐变小而趋向于负值，所以资产组合的整体方差也就变小了。

不动产投资指数

所谓不动产投资指数，是收集与不动产回报相关的数据，将其按用途、规模、地域等类别做集合统计，制成可反映不动产投资市场变动情况的指标。

不动产投资指数在推行不动产相关信息公开化的欧美国家是很普遍的，很多投资人将其作为投资判断的重要定量指标而使用。具有代表性的不动产投资指数包括美国的NCREIF（National Council of Real Estate Investment Fiduciaries，美国不动产投资信托协会）、英国的IPD（Investment Property Databank，不动产投资数据库）的指数。在日本，随着不动产金融化的正式推行，不动产投资指数作为市场信息的基础设施，也有必要被予以整理和准备。一般社团法人不动产证券化协会在编制指数。

图9.12表示的是该协会所发布的都心三区（千代田区、中央区、港区）的办公楼指数的租金收益率、资本利得收益率和综合收益率的变化情况。

从图中可以看出，租金收益率的水平在每年5%左右，回报水平很高，而且极其稳定。资本利得率则会有大幅度的上下波动。

从上述特性也可以看出，在不动产的投资中，既有追求高回报且稳定的“以租金收入为目标的投资人”，也有追求短期的物业价格波

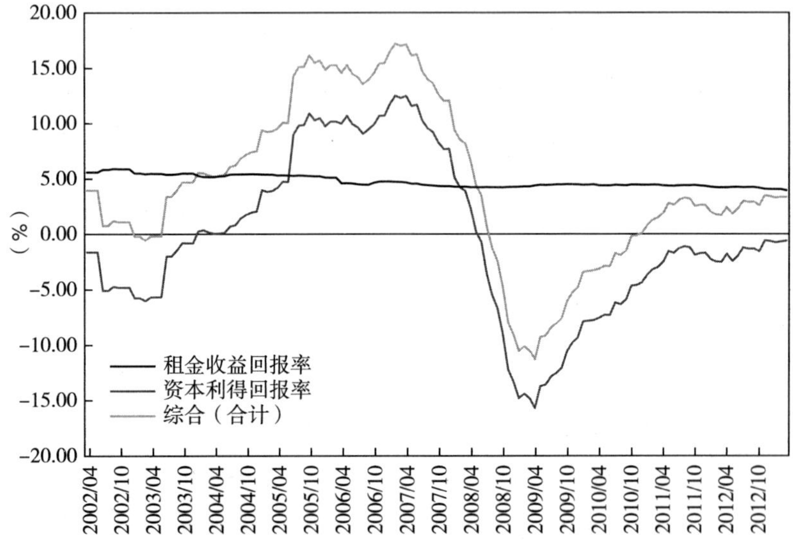

图 9.12　东京都中心三区办公楼收益率的变化

资料来源：一般社团法人不动产证券化协会。

动收益的“以资本利得为目标的投资人”。

第十章

不动产证券化的案例学习

证券化不动产的变迁

通过证券化方法的使用，不动产市场的投资方和所有方被完全分离。基于租金收入和销售收入的现金流，不动产变成一个可以计算一定期间收益率的投资商品。同时，优先劣后的产品分级使投资人可以根据各自的风险及收益进行投资，进而可以相对容易地完成融资过程。因此，相对于实物不动产买卖交易，证券化不动产无论在价格上升还是下跌时，都比较容易在短期内实现投资人的更替，实际上是促进了交易的完成。

以下，我们通过两个实际案例来分别介绍从投资人和所有人的角度进行的不动产证券化。这两个案例都经过了不动产使用人等于所有人、通过证券化方法进行所有人和投资人的分离、通过投资人的更替实现交易以及证券化架构的变化这一系列过程。同时，通过这两个案例中所介绍的投资主体以及架构的变化，可以同时回顾近10～20年间不动产市场所发生的变化。

友都八喜综合电器商城吉祥寺店

从近铁百货店到龙星集团

我们首先介绍的案例是吉祥寺车站前的友都八喜综合电器商城

（YODOBASHI CAMERA MULTIMEDIA）吉祥寺店这个物业。该物业作为近铁百货店的东京店，由近铁百货店株式会社建于 1974 年。是一座占地 3 582. 39m^2、建筑面积为 37 932. 95m^2、地下 4 层、地上 9 层的大型百货商店。开业当初，物业的所有人和使用人均为近铁百货。

由于百货店经营不善，近铁百货店将该物业在 2006 年 7 月以 175 亿日元的价格卖给美资基金公司龙星集团。

租赁给淀桥相机

龙星集团在收购该物业之后，经过装修改造之后整体租赁给日本大型电器量贩店淀桥相机（YODOBASHI CAMERA），作为该公司的吉祥寺店一直营业到现在。友都八喜综合电器商城吉祥寺店的位置图如图 10. 1 所示。

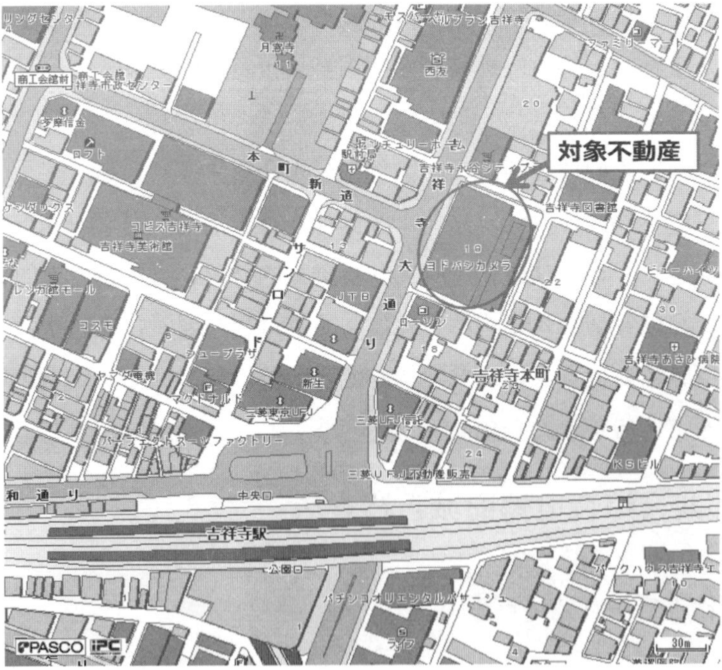

图 10. 1　友都八喜综合电器商城吉祥寺店的位置图

这是一个站前核心地段的百货店改造成大型家电量贩店的典型案例［除此之外，还有有乐町崇光百货（SOGO）改造成必酷（BIC CAMERA）、池袋三越百货改造成山田电机（YAMADA DENKI）、新宿三越百货改造成必酷、横滨三越百货改造成淀桥相机等诸多相同案例］。淀桥相机是一个不自持资产，是以租赁物业为主的典型“轻资产”商业运营模式。友都八喜综合电器商城吉祥寺店的照片如图10.2所示。

图10.2　友都八喜综合电器商城吉祥寺店的照片

通过TMK架构进行的不动产证券化

龙星集团在收购该物业之后，设计了TMK形式的不动产证券化架构。通过设立名称为“F4017 TMK”的SPC，持有该物业的所有权。

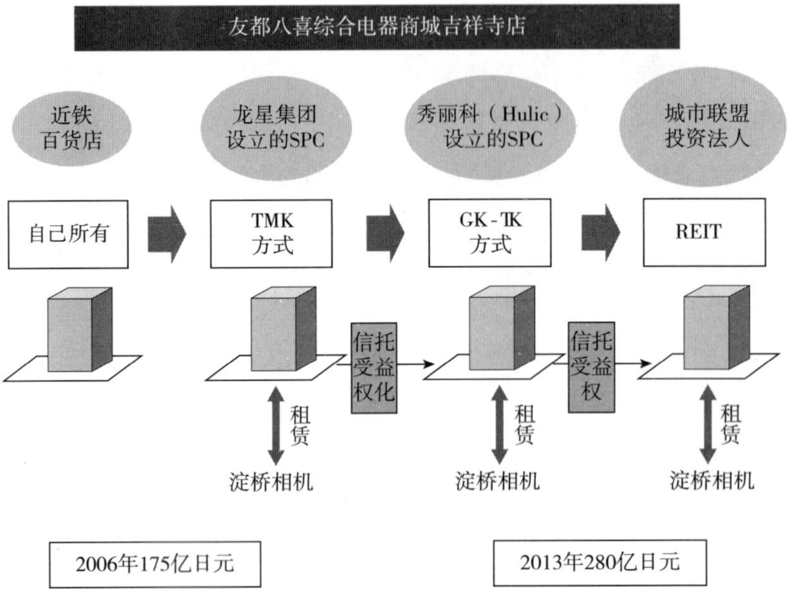

图 10.3　证券化的案例——友都八喜综合电器商城吉祥寺店

从龙星集团到秀丽科

2011 年 7 月，龙星集团通过设定信托受益权，将该物业转让给日本国内的不动产公司秀丽科株式会社。这个交易可以被认为是为将来将该资产装入 REIT 的短期性交易安排。为实现最佳收购期，REIT 通常会在正式收购前，安排关联 SPC 先期收购资产而进行短期的运营，以达到收益的稳定化。

从秀丽科到 SPC

2011 年 12 月，秀丽科将该资产的信托受益权转让给由该公司出资成立的名为“合同公司吉祥寺 YCM 基金”的 SPC。秀丽科采用的是合同公司 + 匿名组合的证券化架构，即 GK-TK 模式。在整体的交易金额 288 亿日元当中，SPC 通过金融机构的贷款和 TK 的出资，分别募集了213亿和75亿日元（占26%）。

而TK出资额中的29.5%，由作为REIT的城市联盟投资法人以22亿日元的代价在上述SPC取得信托受益权的前一天进行认购，同时承诺以280亿日元以上的价格整体收购该资产为条件，获取优先交涉权。

从SPC到公募REIT

2013年2月，城市联盟投资法人履行优先交涉权，和SPC签署了转让合同，以280亿日元的价格获取该资产的信托受益权。REIT在取得该资产之后，进行了详细的信息披露，以下是该资产的公示信息。

友都八喜综合电器商城吉祥寺店　公示详细信息

1. **建筑物的概况。**

本物业建于1974年5月，在2006—2008年期间进行了大规模的改造。除了结构主体以及发电机的一部分设备，空调系统及电梯等几乎所有的设备以及外墙面、内部装修等都进行了全面的更新改造。

同时，由于本物业的建筑物部分属于旧抗震标准，在2007年进行了大规模的抗震性能增强改造工程。

2. **租赁情况。**

本物业整体租赁给株式会社淀桥相机，租赁期限为20年（到2013年2月为止，剩余年限为14年）。

3. **租户信息。**

该物业的主要租户为地下1层到地上5层的淀桥相机主力店，6~7层为服装、音乐光盘等零售店铺，8层以餐饮为主。本物业的一部分铺位由淀桥相机转租给优衣库（UNICLO）、ABC商城等其他租户。

4. **预测净收益（*NOI*）。**

年间的预测净收益为 14.49 亿日元。以交易金额 280 亿日元计算，预测 *NOI* 回报率约为 5.2%。

如上所述，非上市的 SPC（私募基金）持有的资产在转让给上市 REIT 之后，物业的详细信息将被公开披露，不动产投资市场的透明性得到大幅提高，这有效地提高了不动产投资的合理性。

旧长银总部大楼

旧长银自己持有

我们接下来介绍的案例是位于东京都核心地段千代田区二丁目的旧长银总部大楼（见图 10.4 和图 10.5）。该物业建于 1993 年，是株式会社日本长期信用银行（简称长银）的总部大楼，占地 5 998.5m^2，地下 5 层，地上 22 层，建筑面积 62 423.66m^2。这个时候，大楼的所有人和使用人均为旧长银。

长银于 1998 年破产，随后在 2000 年被美国基金公司里普伍德（Ripplewood）收购，更名为新生银行。2001 年，该物业设定信托受益权，但仍作为新生银行的总部大楼使用。

从新生银行到摩根士丹利

如上所述，新生银行作为 TK 出资者成立海豚日本投资（Dolphin Japan Investment）有限公司，持有该物业的信托受益权。2008 年 3 月，美资投资银行摩根士丹利系列的不动产基金以 1 180 亿日元从新生银行旗下的 SPC 手上收购了该物业的信托受益权。交易时，该物业的账面价值是 520 亿日元，新生银行的 SPC 因此交易获利 660 亿日元。

图 10.4　旧长银总部大楼位置图

图 10.5　旧长银总部大楼照片（2013 年 4 月由作者拍摄）

摩根士丹利系列的不动产基金通过设立 SPC——藤泽控股 TMK，以 TMK 架构获取该物业的信托受益权。该物业被摩根士丹利收购之后，仍作为新生银行的总部大楼继续使用，从持有大楼的不动产基金来看，大楼交由实际上毫无关系的租借人来使用，物业的所有权和使用权完全分离。

这个时候，新生银行公布，将在 3 年内搬离这栋大楼。

资金募集的证券化

在此收购过程中，德意志银行在 2008 年 3 月提供了总额约 927 亿日元的贷款。随后的 2008 年 7 月，德意志银行用这笔债权发行了总额达 727 亿日元的 CMBS 产品，并成功销售。德意志银行主导发行的 CMBS 产品，进行了从 AAA 开始 7 个层次的分级，偿还期限截至 2011 年 7 月。

金融危机后因地价下降引起的违约

不幸的是，在交易完成后不久的 2008 年 9 月，就发生了金融危机。日本的不动产价格在 20 世纪 90 年代的经济泡沫破灭后就一直处在下跌通道，在 2003—2004 年期间，东京都中心区域的不动产价格有过短暂回暖，但是，发生在 2008 年的金融危机使东京都中心区域的不动产价格重新跌落谷底。

穆迪评级公司以新生银行在退租后，资产的纯收益将大幅下降为由，在 2010 年 6 月下调了上述 CMBS 的评级。新生银行也在 2011 年 1 月将总部迁往位于中央区日本桥室町的野村不动产新开发的办公大楼。而此时，不动产市场并没有停止价格下跌的趋势。2011 年 7 月，贷款到期没有成功实现再融资，从而发生了违约现象。同年 8 月，穆迪降低了该资产的估值，进一步下调了 CMBS 的评级。

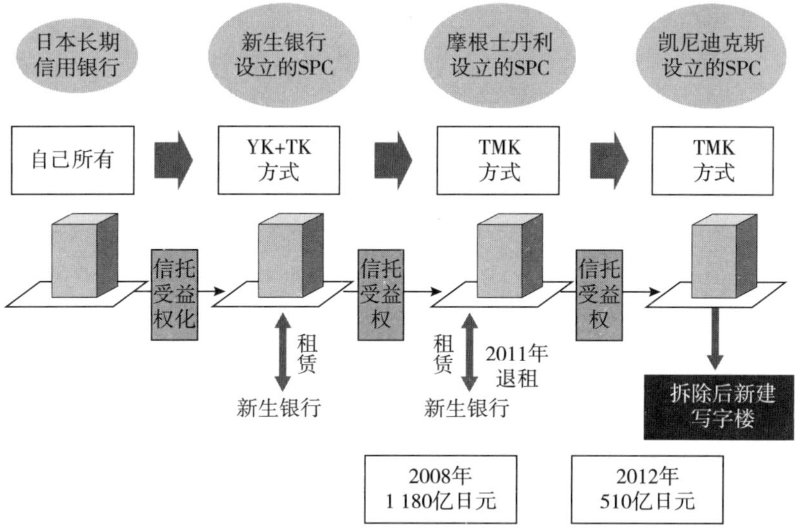

图 10.6　证券化的案例——旧长银总部大楼

从摩根士丹利到凯尼迪克斯

由于贷款到期出现违约情况，以 CMBS 投资人为中心的债权者开始主导资产处置活动。2011 年下半年，受委托的债权回收机构开始启动资产转让程序。经过一段时间的招投标，2012 年 7 月，凯尼迪克斯株式会社最终获得优先交涉权。12 月，凯尼迪克斯和东急不动产株式会社、DBJ（日本政策投资银行）株式会社组成联合体，通过绿色资产投资（GREEN ASSET INVESTMENT）特定目的公司这个 SPC，以 TMK 架构的形式获得该资产的信托受益权，交易金额为 510 亿日元。

再开发计划

该物业地上部分的可租赁空间主要集中在 1 ~ 2 层等少数楼层，地下部分大多数是仓库和金库，这造成整栋大楼的办公可出租率不到 5 成。其当初作为银行的总部大楼使用并没有什么不便之处，但 3 年前新生银行退租之后，并无新的租户入驻，整个大楼基本处于空置状态。整栋大楼的建筑年份只有 20 年，从物理角度来看，虽然还可以继续使用，但是作为一般的写字楼，其过低的使用率是一个致命的缺点。因此，选择拆除原有建筑物，重新开发建设新的写字楼是唯一的选择。上述 3 家公司组成的联合体发布，收购后的该物业将被拆除并被重建成一个地下 2 层、地上 20 层，建筑面积约 57 500m^2 的新写字楼。而房屋拆除费用、建安成本等将达到 300 亿日元，加上收购成本 510 亿日元，该项目的总投资额将超过 800 亿日元的规模。

从旧长银总部大楼来看不动产市场的变化

旧长银总部大楼的一系列交易过程，也可以从侧面了解到近 20 年间不动产市场发生的巨大变化。如图 10.7 所示，旧长银总部大楼的交易过程和千代田区商业用地的地价推移紧密相关。从摩根士丹利

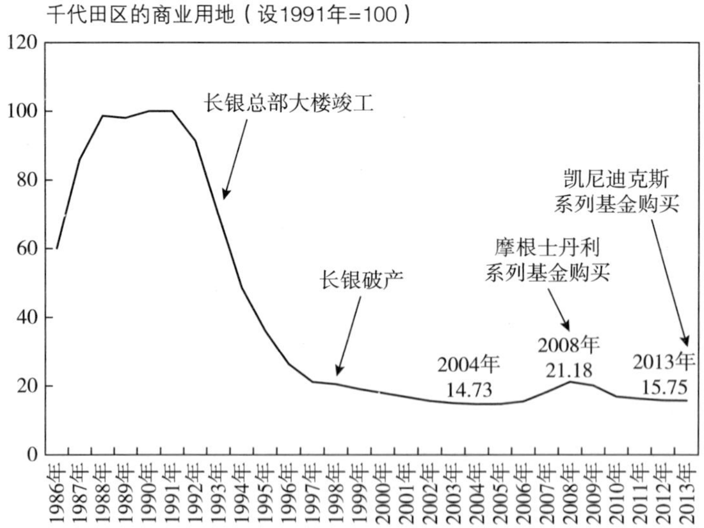

图 10.7　地价推移和旧长银总部大楼的历史变迁

资料来源：国土交通省地价公示。

的 1 180 亿日元到最后的 510 亿日元，交易价格下跌过半。如图 10.8 所示，无论是权益投资还是贷款，投资都遭受了重大损失。

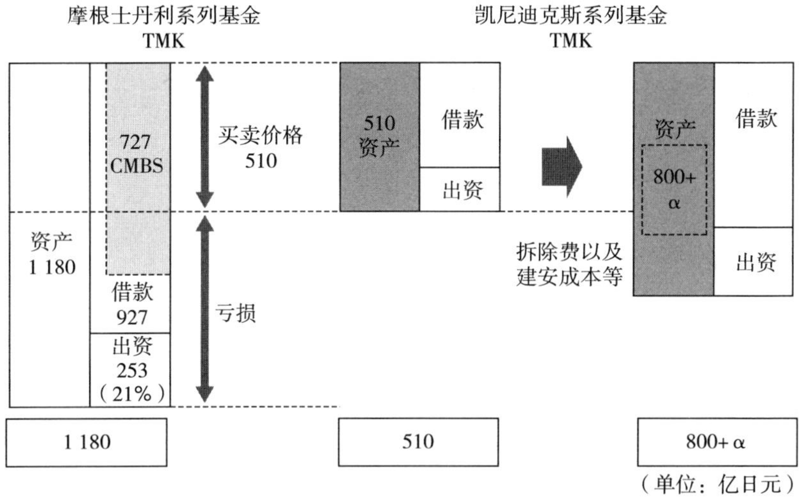

图 10.8　两种基金间的资产价值以及融资额的关系

但是，从凯尼迪克斯组合体的投资角度来看，总投资额虽然超过 800 亿日元，但从开发后写字楼纯收益来推算的资产价值来看，可以算得上是一次相当成功的投资。

第十一章

从欧美看不动产证券化的问题

次级贷款的问题

本书主要观察的是日本证券化的动向。但是，最早开始不动产的证券化进程的是美国市场。此外，美国市场还发生了次级贷款危机、雷曼兄弟银行破产等影响巨大的事件。

美国的不动产证券化是以不动产相关贷款的证券化为中心的，与日本的不太相同，但日本在进行不动产证券化时，可以参考美国的模式，研究要注意的事项。让我们先看一下海外市场的动向。

在雷曼事件造成大混乱前，次级贷款的问题在 2007 年的时候已经很严重了。次级贷款究竟是一个什么问题呢？

所谓“次级贷款”，是指向非“优质”（也就是收入水平不高、信用程度较差）的客户提供的贷款，相比于面向主要人群的贷款利率，次级贷款所要收取的利息更高。

以前，次级贷对于贷款方而言存在很高的风险，并以高息、严格审查来对冲风险，但是在 2000 年的下半年受到住宅热和资金过剩的影响，银行面向此类人群投放了大量资金。

当初人们只是认为随着住宅市场行情上扬，担保价值就会上升，借新债还旧债，还贷情况比较乐观。但从 2006 年下半年开始，随着住宅市场行情的反转，这样的希望也破灭了。

由于美国住房贷款的转让市场比较发达，放贷的金融机构在收取了放贷的手续费后，就会把该部分贷款转让，用回收的资金再次放贷，形成这样的循环。

这样的放贷形式，结合商品证券化，在短短几年内，造成高违约预期的证券化产品在市场大量流通。

这些产品最早被赋予了 3A 级别的信用，由于利息高，很受投资者欢迎。随着市场行情的下调，这些产品的评级日趋降低（1 年据说有上千种），市场陷入大混乱。

在市场混乱之中，想弄清证券的真正价值是很困难的，由于许多贷款被捆绑在一起，没有办法可以确定其真正的价值，市场参与者也疑神疑鬼。最终，在销售的时候也只能按照票面价值的几分之一抛售了。

如此，证券化商品与债权混合后，人们很难对其做出正确的价值评价，所以在证券化时就必须对原资产进行彻底的价值评估。

大型投资银行的失控

以美国的大型投资银行为首，相当多的金融机构都被卷入了这次次贷危机。有欧美中小金融机构被高评级及高收益率所吸引，而向证券化产品“投资”的，也有大型投资银行持有了大量的存量证券化产品，在市场急转直下时，遭遇了估值的大幅受损，同时大型金融机构的销售能力也受到影响。在这些因素的相互作用下，美国和欧洲的金融市场都产生了严重问题。

这些证券化产品虽然在市场行情好的时候具有一定的流动性，但是当市场行情不好的时候，流动性消失，就会发生前述“几乎没有价值”的情况。

虽然这最初是由住房贷款债权所引发的问题，但人们对于“证券化的产品”的信赖度急剧下降，导致以商业用途不动产为担保的CMBS市场从2008年开始到2009年基本上处于冻结状态。

政府的快速应对

2008年9月，随着雷曼公司的破产，全球的金融市场发生了大混乱。

为应对这样的事态，美国政府在2008年10月发布了《紧急经济稳定法案》（EESA），开始实施“不良资产救助计划”（TARP）。该计划分为汽车产业支援、金融业支援、美国国际集团（AIG）支援等5个方面，初期规模为7 000亿美元。

此外，2009年3月，美国联邦储备委员会（FRB）推出了定期资产支持证券贷款工具（TALF），在这个制度下，纽约联邦储备银行（FRBNY）最多可实现2 000亿美元的融资。

另外，在2008年和2009年，美国财政部、美国联邦储备委员会和联邦存款保险公司（FDIC）这3家机构共同合作，为了降低利息而大量采购MBS（即抵押贷款支持证券，通过积极购买MBS使价格上升，从而使收益率下降），向市场供应资金，并实施对房利美（联邦国民抵押贷款协会）和房地美（联邦住宅贷款抵押公司）等的支援。

政府接连不断出台的应对政策，使美国市场在2009年春终于度过了最糟糕的时期。虽说其间也吸取了日本泡沫经济破裂的教训，但在非常时期，政府、金融当局的快速应对措施的有效性是显而易见的。

另外，在持续的经济动荡中，大型银行的证券化部门开始大量裁员。此后在2009年下半年这个混乱收尾阶段，对这些出售证券化产品的金融机构提起的损害赔偿请求诉讼，以及金融当局针对那些在销售过程中的违法行为的追诉接踵而来。证券化相关的大型金融机构面临严峻的考验。

市场恢复的过程

雷曼兄弟银行破产事件之后 3 年，到了 2011 年的时候，政府暂时购买的不良化的证券化产品开始向市场出售。

这是在确认市场恢复的基础上做出的判断，即在不产生损失的前提下，使资金（税金等官方资金）可以得到回收。虽然产品本身曾经发生过问题，其招投标活动却表现良好。主要原因是收益率的水平相对于安全的资产会更高。同时在雷曼危机后，证券化市场实际处于冻结状态，市场上几乎没有新发行的证券化产品。

一部分这样的产品在被购买后，通过产品拆分，其内部所含的资产被单独出售的现象也开始在市场上出现。

可见，因为对“具有一定风险的高回报产品”的需求根深蒂固，可以说如果有正规的证券化产品出现，市场对此类产品就会有很大的需求。

教训和展望

究竟发生了什么问题？虽然可以说原本作为基础的贷款的质量就不好，但也有人特别指出，次级贷款的融资标准极度宽松，其违约风险无法与从前的产品相提并论。

另外，因为可以“通过转卖杜绝风险”，无论借款人是谁，总之先使贷款合同成立，之后再转卖便是，这样的道德风险也是存在的。

即使是给产品赋予信用评级的评级机构，也被指责在证券化产品快速发展过程中，在没有好好地掌握（或是不能掌握）产品的核心前，就给予了产品高评级。

就证券化产品而言，其核心部分原本就难以理解，投资的依据之一便是信用评级。如果发生当时那样“一次性被下调数级”的事情，对一部分投资人而言，这些产品将瞬间成为“非投资对象”，必须快速出售。这就是引发市场雪崩的导火索。

从乐观的角度来看，不动产证券化产品具有高收益率的特点。挖掘比国债有更高收益率的金融产品，对于投资人以及中介业者而言，是一个长期的课题。

如果单纯考虑比国债收益率高的产品，可以考虑普通的公司债券，但是若要追求在这之上收益更高的运用产品，我们认为就要关注不动产的相关产品了。

我们在第 4 节中谈到，虽然看到了关于市场参与者再次集中购买低评级资产的议论，但在对底层资产进行彻底调查、提高底层资产的质量、以恰当的信用评级表示相应的风险的基础上，提供收益率合理的证券化产品在今后依然相当重要。

第十二章

不动产的环境对策——环保型不动产

环保型不动产的定义

环保型不动产，又被称为绿色建筑（green building），一般用于形容节省能源与资源的优秀建筑。举例而言，具体的环保事项有：考虑周边环境；使用阶段的节能；使用寿命长；采取生态措施；（材料等的）合理使用与处理（见表 12. 1）。

表 12. 1 不动产的环境考虑项目

环境考虑项目		主要的关联技术
考虑周边环境	减少影响	雨水浸透用地，采用低噪声机器
	绿化、缓和城市气候	屋顶绿化，建设生物小区
	防止污染周边环境	从屋顶来的废热
使用阶段的节能	抑制负荷	采用双层玻璃、多层玻璃、低辐射（Low-E）玻璃，双层外皮，使用房檐、百叶窗
	使用自然能源	太阳能发电、利用日光、自然换气
	能源、自然资源的有效利用	储存雨水、节水便器、器具的使用，设置冰储热槽、夜间清洗热电联产，以变风量（VAV）/变水量（VWV）实现空调功能
使用寿命长	灵活性	确保天花板高度、地板高度宽松，高自由度方案
	耐久性、抗震性	防震装置，引入震动控制装置
	管理、更新的容易程度	确保更新性

续表

环境考虑项目		主要的关联技术
采用生态措施	自然材料，采用可再生材料	高炉水泥、电炉钢、再生材料
(材料等的)合理使用与处理	抑制建设副产物的产生，实现再利用	减少包装
	合理处理废弃物	食物垃圾的堆肥化

现在，为什么开始对不动产的环保有要求

地球温室化效应出现的主要原因是二氧化碳的排放，而各国的数据表明，不动产正是排放二氧化碳的元凶之一。在日本，与运输部门和产业部门相比，住宅、办公楼等家庭部门和事业部门（官方用语把这两个部门合称为“民生部门”）一直以来对于能源的消耗增长显著，与此同时，民生部门的二氧化碳的排放量比 1990 年也增长了 5 成。二氧化碳排放量的增减率如图 12. 1 所示。

不仅如此，从开始建设到使用、拆除，贯穿建筑物整个生命周期，大量的资源消费、废弃问题，以及伴随大规模不动产开发、城市化进程而产生的城市热岛效应，对生态产生了深刻影响，这些问题正在显现，提高建筑物的环境性能已经成为一个紧要课题。

国家、自治团体不断加强针对建筑物的环境规定，可以预见，租赁建筑如果不及时应对，竞争力便会下降。这些规定风险和评价风险在将来会对不动产的经营产生影响，因此我们必须考虑建筑物的环保问题。

以部门分类的二氧化碳排放量的增减率（2011年，对比1990年）

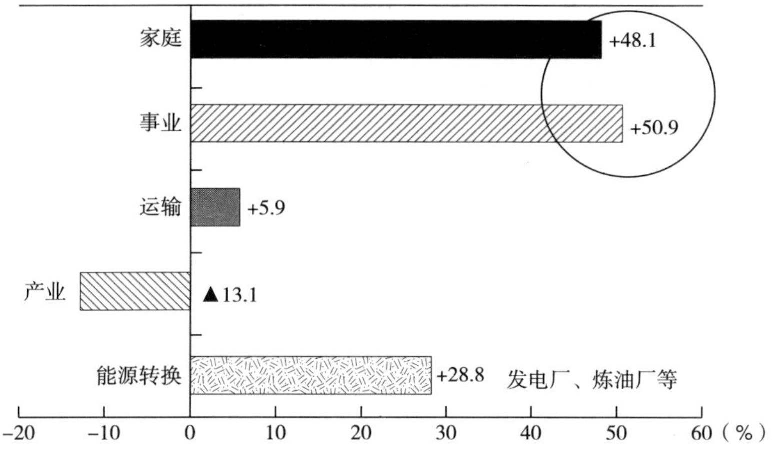

图 12. 1　二氧化碳排放量的增减率

资料来源：日本环境省。

关于环保型不动产的 “胡萝卜与大棒”

国家、自治团体在对不动产加强环保要求的同时，对促进环保的行为也有所奖励。

《节能法》

《节能法》（即是关于能源合理化使用的法律）是以石油危机为契机，在 1979 年制定的。该法律的制定以使用能源超标的工厂、业务单位、运输、住宅、建筑物、机械器具等为约束对象，目的是抑制能源消耗与二氧化碳排放。面对能源消耗量正在大幅增加的民生部门，为了强化能源对策，日本在 2008 年对该法进行了修订（2010 年 4 月 1 日起实施）。

修订后的《节能法》的能源管理义务的对象从以企业部门为单位变更为以法人为单位。如果整个企业一年内的能源使用量换算成原油超过 1 500kl，则必须申报能源使用情况，被指定为“特定经营者”。像便利店那样的连锁店也被视为一个经营者，成为被规范的对象（即“特定连锁化经营者”）。特定经营者负有如下义务：构建企业整体的能源管理体制，选任能源管理负责人，并切实管理；定期提交报告书和中长期计划书。

此外，关于住宅、建筑物的规范也得到强化，对新建、增建和改建的节能措施申报义务的适用对象，扩大到了中小规模的建筑，要求住宅供应业者遵守以提高住宅节能性能为目标的义务（见表 12. 2 和表 12. 3）。

表 12. 2　从业者能源管理义务

对象从业者	全体企业的年能量使用量以原油换算达到1 500kl以上的从业者 （全体企业指总公司、工厂、营业场所、店铺、加盟店等） 从业者：呈报能量使用情况 “特定从业者” 取得垄断经销权的从业者： “特定连锁化从业者”
数值目标 （中长期的努力目标）	年平均单位能源消耗减少 1% 以上
构筑能源管理体制	呈报和选任能源管理者 每个能源管理指定工厂均呈报和选任能源管理者 （指定工厂指单独达到 1 500kl 以上的工厂和单位场地）
计划确定和报告	中长期计划书的确定和提交 能源使用情况的定期报告

表 12.3　住宅和建筑物节能措施的呈报义务

义务＼对象		大规模住宅和建筑物（总建筑面积 2 000m² 以上）	中小规模住宅和建筑物（总建筑面积 300m² 以上）	住宅事业的建设方（每年 150 户以上）
呈报节能措施	新建和扩改建时	呈报义务（指示、公示、命令、处罚规定）	呈报义务（劝告）	——
	大规模设备修缮时	呈报义务（指示、公示、命令、处罚规定）	——	——
维持保全状况的定期报告		呈报义务（劝告）	呈报义务（劝告），住宅除外	——
节能性能提升		——	——	努力义务（劝告、公示、命令）

东京都《环境确保条例》的修订

东京都集中了日本全国半数以上的办公大楼，家庭和业务部门的二氧化碳排放量占全体排放量的 65%（2011 年）。为了实现到 2020 年东京整体的二氧化碳排放量削减 25%（与 2000 年相比）的目标，《环境确保条例》被修订，对东京二氧化碳排放较多的 1 400 家既存的办公大楼、工厂规定了温室气体排出总量削减义务，同时导入了排放量交易制度，合并为“上限 & 交易制度”。第一期计划（2010—2014 年）工厂减排 6%，办公楼减排 8%，第二期计划（2015—2019 年）同样分别需要减排 15% 和 17%，将大幅减排作为义务。

该制度规定，在推进地球温室化的对策中表现特别优异的单位将被授予奖励，如果被认定为“高级单位”，则削减义务率减轻为原来的 1/2，如果被认定为“准高级单位”，则削减义务率减轻为原来的 3/4。

关于新建的建筑物，超过 5 000m^2 的大规模建筑有义务提交《建筑物环境计划书》，其中记载了节能对策等环境性能评价结果，通过这一措施来寻求环保效果。

促进不动产环保的新政策：“低碳建筑物”的认定制度和“耐震和环境不动产形成促进事业”

“低碳建筑物”认定制度，基于2012 年 12 月起实施的《都市低碳促进法》，在城市的区、县、村中认定配置了节能及其他低碳化措施的住宅、建筑物为“低碳建筑物”。如果将其认定为“低碳建筑物”，则会减轻其所得税、不计算与蓄电池等有关的设备的容积率等，以此作为奖励。低碳建筑物的认定，除了需要削减 10% 以上能源的消耗量（《节能法》基准），还需要导入 HEMS（家庭能源管理系统）、采用节水型机器、使用国产木材等有助于低碳化的措施。

此外，耐震和环境不动产形成促进事业（见图 12. 2）是在 2012 年补正预算中以紧急经济对策的形式加入的业务，国家通过官民基金出资，抛砖引玉，引导民间投资支援现有建筑的耐震及环境应对项目。支援的对象包括：旧耐震标准的大楼的耐震改修；与改修前比，能够削减大楼整体能源消费量 15% 的改修项目；在 CASBEE（建筑物综合环境性能评价体系，在第 5 节叙述）A 级别以上的大楼改建、新建开发等。官民基金会向实施这项业务的 SPC 出资。据说，其总投资额为国家投资 350 亿日元，民间汇集的资金总计达到 1 200 亿 ~ 1 300亿日元的规模。

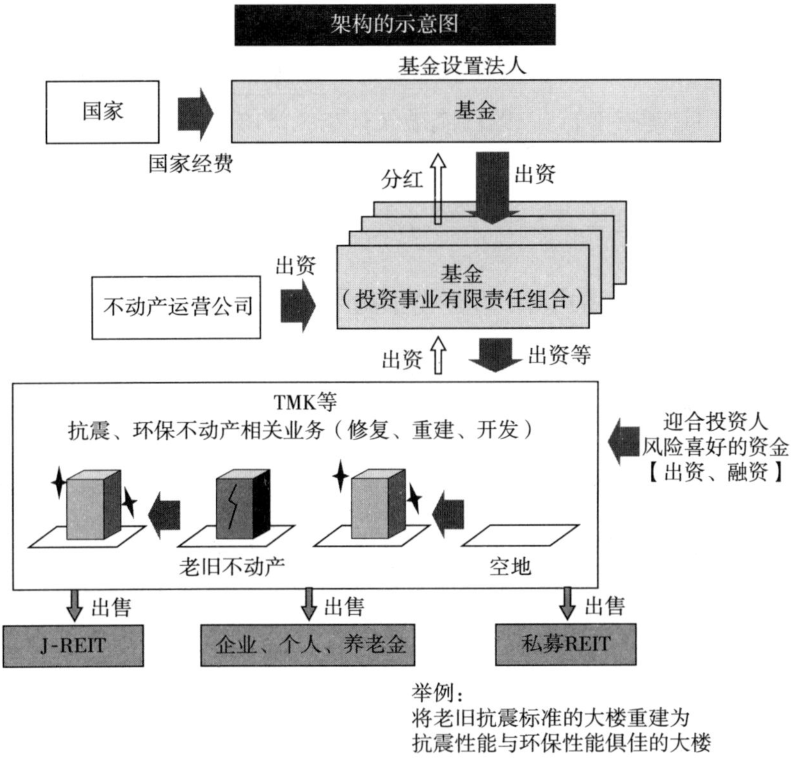

图 12.2 耐震和环境不动产形成促进事业概要

资料来源：国土交通省。

市场相关方对不动产环保的应对措施

业界的举措

除了法律等规定的要求以外，民间也提出了不少以围绕关联业界为中心的不动产环保相关举措。一般社团法人不动产协会在 2013 年 3 月制订了《房地产业环境实行计划》，改正了过去关于削减新建写字楼和分售公寓等的二氧化碳排放与废弃物的自主目标，同时不再将环保对策看作限制条件，而是希望实现绿色增长（用环保的方式推动经济增长），赋予了环保对策新的意义。

并且，一般社团法人日本建筑物协会联合会发布了《高层建筑能源利用管理指南》，一般社团法人日本经济团体联合会与其他的相关社会团体进行合作，以其自身会员为基础，对其他拥有高层建筑的企业进行宣传引导。

不动产投资者和用户对于环保型不动产的关注

各种问卷调查①的结果显示，日本国内外的不动产投资人和写字楼用户，对于环保型不动产的关注度正在提升，主要原因是：投资人特别重视物业租赁的优势性，用户特别重视能源成本的降低；考虑未来可能出现的环保规定日趋严格所引起的风险；环保型不动产的判断基准还缺乏必要的指标，投资人希望获得投资环保型不动产所能带来的经济利益的有效依据；对于用户来说，选择将来入驻地能够参考的基准信息并不充分、市场中可用信息不足等明显成为需要面对的问题。

以环保性能为标准的建筑物评级

类似于以环保的相关举措为企业评级，人们现在越来越多地采用以环保性能为基准对建筑物进行评级的环保评价制度。在日本，代表性的制度有 CASBEE，日本以外的国家有以美国的 LEED（能源与环境设计先锋奖）和英国的 BREEAM（建筑研究院环境评估方法）为代表的环评制度。其他各国也先后针对自身的国情制定了相应的评价基准。

---

① 问卷调查包括《海外投资者问卷调查》（日本国土交通省，2013 年 2 月～3 月）、《第 27 次不动产投资者调查》（一般财团法人日本不动产研究所，2012 年 10 月）以及《关于租户入驻的问卷调查》（东京都，2012 年 2 月）等。

CASBEE

CASBEE 是从节能、节省资源、回收再利用性能等减少环境负荷方面，以及室内舒适性、观赏性等环境品质和环保性能方面对建筑物进行综合评价的系统。该评价体系设置了从 S 开始，后面依次为 A、B +、B -、C 的 5 级评价标准。截至 2013 年 7 月末，已经有 240 多件①物业取得了评级认证机构的认证，申请进行评级的物业数量也在不断攀升，CASBEE 作为评级标准的知名度也在不断提升。CASBEE 的评价项目如表 12.4 所示。

表 12.4　CASBEE 的评价项目

建筑物的环境品质和性能		建筑物的环境负荷	
室内环境	· 声音环境	能源	· 抑制建筑物的热负荷
	· 温热环境		· 利用自然能源
	· 光、视环境		· 设备系统的高效化
	· 空气质量环境		· 效率的使用
服务性能	· 机能性	资源和材料	· 水资源保护
	· 耐用性、信赖性		· 削减非再生性资源的使用量
	· 对应性、更新性		· 避免使用含有污染物质的材料
室外环境（土地红线内）	· 生物环境的保存与创造	土地红线外的环境	· 考虑地球气候变暖
	· 考虑城市景观		· 考虑地区环境
	· 考虑地域性、设施		· 考虑周边环境

资料来源：一般财团法人建筑环境和节能机构。

① 与评价认证机构的认证不同，现在许多在自治体建造建筑物的时候有义务依照《自治体版 CASBEE》来申报的件数在截至 2012 年 3 月末时已经累计达到 8 700 件。

建筑物的环境评价制度如表 12.5 所示。

表 12.5 建筑物的环境评价制度

建筑物环境评价制度	对象	运营主体	评价项目	评价结果（等级）
CASBEE	•新建建筑、城镇发展、独立式住宅、既存建筑物 •热岛、修缮、简易版、短期使用 •不动产市场普及版	•建筑环境和节能机构（IBEC） •日本可持续建筑协会（JSBC） •认证机构（日本建筑中心及其他）	•环境品质和性能：室内环境、服务性能、室外环境（土地红线内） •环境负荷：能源、资源和材料、土地红线外的环境	•5 级…S、A、B+、B−、C
LEED	•新建筑物（NC） •既存建筑物（EB：运营维护） •内部装修（CI） •主体外部装修和共用部分（CS） •商业设施（零售）及其他	•美国绿色建筑协会（USGBC）	•节能、用地、用水效率、二氧化碳排放量、室内环境、资源管理等 7 个领域（新建筑物）	•4 级铂金、黄金、白银、认证
绿色评级（Green Rating）	•办公大楼（在欧洲还包括物流、店铺）	•绿色评级联盟（Green Rating Alliance）	•评价项目（6 个）：能源、二氧化碳、水、交通、室内环境、废弃物 •性能（4 个）：本质的性能、因修缮提升性能、现在的实绩、运用改善的可能性	•9 级

续表

建筑物环境评价制度	对象	运营主体	评价项目	评价结果（等级）
DBJ 绿色建筑认证制度	• 办公大楼 • 物流设施	• DBJ	• 生态学、风险管理（防灾、防罪犯）、设施、社区（考虑地区环境）的 3 个项目和 5 个方面	• 5 级…铂金、黄金、白银、青铜、认证

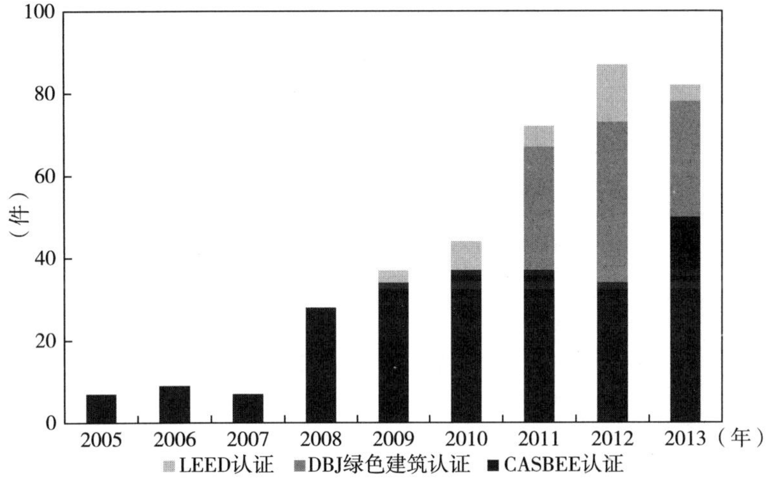

图 12.3　日本国内取得环境认证的数量
（CASBEE、DBJ 绿色建筑认证、LEED）

其他环保性能评价制度

除了产学官共同开发的 CASBEE 以外，日本金融机构也在 2011 年推出了“DBJ 绿色建筑认证”。此外，也有帮助取得海外评级认证的咨询公司，日本的建筑也开始可以取得 LEED 认证，以及在欧盟各国不断普及的绿色建筑认证。

取得了环保认证的建筑物

数年间，取得环保认证的日本不动产物业的数量呈增加的趋势（如图 12.3 所示）。

关于美国 LEED 认证，虽然大多数是外资企业以办公室内部装修（LEED – CI：内装修）来取得认证的，但也有以建筑物整体（LEED – NC：新建、LEED – EBOM：既存建筑物）来取得认证的例子。

东京大规模租赁写字楼取得环保认证的例子如表 12.6 所示。CASBEE 认证的 19 件建筑中，获得最高评级 S 的有 16 件、DBJ 绿色建筑认证的 9 件建筑中，也有 7 件取得了白金级物业的高评级，它们可以被视为具备优异的环保性能的建筑。

表 12.6　大规模写字楼环境认证取得案例

办公楼名称	竣工年份	环境认证等级		“东京都顶级事业所”认证
日比谷国际大厦	1981			◎
丸之内中心大厦	1984	黄金	DBJ 绿色建筑认证	○
森大厦	1986	S	CASBEE 市场普及版	○
品川城际（Intercity）A 栋、B 栋、C 栋	1998	S	CASBEE 市场普及版	○
大崎盖特城（Gate City）	1999	S	CASBEE 既存	○
山王公园大厦（Park Tower）	2000			○
丸之内太平洋世纪广场	2001	S	CASBEE 市场普及版	
爱宕青丘森大厦	2001	S	CASBEE 市场普及版	○
JR 东急目黑大厦	2002			○
丸之内大厦	2002			◎

续表

办公楼名称	竣工年份		环境认证等级	“东京都顶级事业所”认证
大原泉花园	2002			○
汐留城市中心	2003			○
六本木新城森大厦	2003	S	CASBEE 市场普及版	◎
JR 品川东大厦	2004			◎
日本桥一丁目大厦	2004			○
明治安田生命大厦	2004			◎
银座三井大厦	2005	S	CASBEE 新建	◎
赤坂城际	2005			◎
东京大厦	2005			○
日本桥三井大厦	2005	S	CASBEE 新建	◎
虎之门大厦办公楼	2006			◎
秋叶原 UDX	2006			○
格兰东京（GranTokyo）北大厦、南大厦	2007			◎
萨皮亚（Sapia）大厦	2007	S	CASBEE 新建	◎
汐留大厦	2007	A	CASBEE 新建	
新丸之内大厦	2007			◎
东京中城大厦东西座	2007			◎
NBF 丰洲前花园（Garden Front）	2007	A 黄金	· CASBEE 新建 · DBJ 绿色建筑认证	
青山 OM 广场	2008	S	CASBEE 新建	
赤坂商务大厦	2008			○
丸之内信托大厦本馆、N 馆	2008 等	白金	DBJ 绿色建筑认证	○
丸之内公园大厦	2009	白金	DBJ 绿色建筑认证	
平河町森大厦	2009	S	CASBEE 新建	

续表

办公楼名称	竣工年份	环境认证等级		“东京都顶级事业所”认证
饭野大厦	2011	S 白金 白金	· CASBEE 市场普及版 · LEED – CI · DBJ 绿色建筑认证	
丰洲立方花园（Cubic Garden）	2011	S	CASBEE 新建	
丸之内永乐大厦	2012	S	CASBEE 新建	
JP 大厦	2012	S	CASBEE 新建	
中野中心公园	2012	白金	DBJ 绿色建筑认证	
涉谷朝光（Hikarie）	2012	白金	DBJ 绿色建筑认证	
沃特拉斯（Waterras）	2013	A 白金	· CASBEE 新建 · DBJ 绿色建筑认证	
东京广场花园	2013	白金	DBJ 绿色建筑认证	
虎之门之丘	2014	S	CASBEE 新建	

注：灰色部分代表 J-REIT 持有物业 。

◎顶级事业所

○准顶级事业所

执笔人简介

桔田万里惠（部长、不动产评估师）

1985 年毕业于庆应义塾大学经济学部，同年入职。先后任职于不动产部门、法人营业部门、海外部门。2002 年进入不动产咨询部。2012 年开始任现职。国土交通省土地鉴定委员会专门委员。主要著作有《减损会计的实务问答》和《图解 IFRS 的不动产会计》（均与小泽善哉共著，由东洋经济新报社出版）等。

野田诚（专门部长、不动产评估师）

1980 年毕业于早稻田大学法学部，同年入职。先后任职于不动产部门和法人营业部门，2003 年担任不动产企划部副部长，同年担任不动产咨询部部长。2009 年开始任现职。国土审议会专门委员（2005—2009 年在土地政策分科会企划部会不动产投资市场小委员会任职），日本大学理工学部非常勤讲师。

山崎畅之（专门部长、不动产评估师）

1984 年毕业于京都大学法学部，同年入职。主要任职于不动产部门，2006 年担任不动产管理部部长。2007 年担任不动产信托部部长，2009 年担任不动产咨询部部长。2012 年开始任现职。公益社团法人日本不动产评估师协会联合会监事。

大沟日出夫（主任调查役、不动产评估师）

1989年毕业于一桥大学法学部，同年入职。主要任职于不动产部门，在职期间借调不动产基金管理公司之后，2006年开始任现职。国土交通省公共不动产的所有及利用研究会委员（2008—2009年），川崎市资产改革探讨委员会委员（2010年）。

伊藤孝史（主任调查役）

1994年毕业于京都大学工学部，同年入职。主要任职于系统企划部门，2012年开始任现职。主要研究方向为日本REIT市场、不动产环境问题等。

川本健治（次席咨询顾问、一级建筑师）

1976年毕业于京都大学工学研究科。在建筑设计事务所从事城市开发业务之后，1987年入职。2004年开始任现职。主要研究方向为不动产的环境问题。

三好贵之（调查役）

1985年毕业于东京大学经济学部，同年入职。主要任职于运营管理部门、市场国际部门等。2009年开始任现职。主要负责海外市场调查、数据管理等。

细山惠子（调查役、不动产评估师）

2003年毕业于庆应义塾大学法学部，同年入职。在不动产部门负责中介以及企划业务之后，2012年开始任现职。主要负责写字楼市场调查研究和房地产环境问题。

冈部奈绪子

2008年毕业于庆应义塾大学法学部，同年入职。在不动产部门负责中介业务之后，2011年开始任先职。主要负责私募基金、企业经营战略方向的研究等。

阿部江里奈（不动产评估师）

2009年毕业于北海道大学经济学部，同年入职，任职于不动产咨询部。负责不动产评估和鉴定业务，2010年开始任现职，主要负责日本REIT市场和物流仓储市场的研究。

佐田和博（不动产评估师）

2011年毕业于中央大学法学部，同年入职，任职于不动产咨询部。负责不动产评估和鉴定业务，2013年开始任现职，主要负责住宅市场、企业动向的研究等。

（以上职务均为截至2013年9月的职务）

中文审订　酒井努（不动产评估师）

2017年毕业于早稻田大学教育学部英语英文学科，同年入职，任职于不动产咨询部。主要负责不动产评估和鉴定业务。北京大学法学学士。

译者简介

车阳，早稻田大学金融学硕士，现任喆安（上海）投资管理有限公司总经理，同时担任中华人民共和国国家发展和改革委员会PPP专家库成员、中国REITs联盟副秘书长等职。他曾任职于易方达资产管理有限公司、上海中城联盟投资管理股份有限公司、上海长峰集团、早稻田大学国际不动产研究所等知名机构，拥有超过百亿人民币规模的投资管理经验。他在境内外的REITs和不动产投资领域有丰富的理论和实践经验，并多次在《中国房地产金融》《21世纪经济报道》《财新》等主流财经媒体发表专栏与专访文章。

林述斌，现任职于日本野村不动产集团，从事地产基金的投资及管理工作。2003年赴日留学取得不动产金融学硕士学位后，他先后任职于日本创建集团、财团法人日本不动产研究所等知名机构。他长年从事不动产投资基金的投资、资产管理及房地产开发、投资、咨询等工作，在中日两国的不动产投资和资本市场拥有20年以上的理论和实践经验。他参与了国内外多项住宅、商业、办公、酒店及养老院项目等的投融资及运营管理工作，在国内外的行业期刊上发表多篇文章，并多次受邀担任行业论坛演讲嘉宾。

顾晓，上海锦天城律师事务所高级合伙人。顾律师的专业领域为企业并购与重组、不动产并购、融资、金融法务等。此外，她在涉外不动产领域也有相当丰富的经验，处理过多个中日间企业投资并购及房地产等项目的并购、融资、境外基金产品的投资架构设计项目。她发表过《浅议日本不动产证券化中的法律问题及其启示》（中国房地产金融）、《股权信托关系中委托人的股东身份确认》（国际商事法务）等论文。她在日本工作时，与人合著《国际金融交易的理论与实务》（由日本社团法人金融财政事情研究会出版）。她曾担任上海电视台《中日之桥》法律咨询专栏嘉宾。